KÜSTEN KOCHBUCH

KÜSTEN KOCHBUCH

MARION KIESEWETTER

Mit Fotos von Michael Holz

CADMOS

Text: Marion Kiesewetter
Fotos: Michael Holz / Assistenz: Ali Salehi
Gestaltung und Satz: Buchholz Graphiker, Hamburg
Redaktionsassistenz: Annegret Grotmack
Foodstyling: Clarence Brown
Requisite: Maike Graf
Lektorat: Anneke Bosse

Druck: Gorenjski Tisk, Slowenien

Printed in Slowenia

ISBN 978-386127-889-4

Liebe Leserinnen und Leser,

als die Idee für dieses Küstenkochbuch an mich herangetragen wurde, habe ich sie begeistert aufgegriffen, denn an Norddeutschlands Küste bin ich ja zu Hause und in der Küche der Region kenne ich mich aus. Für mich als Tochter eines Hamburger Krabbenhändlers hat natürlich die Krabbe mein ganzes Leben begleitet, und ich habe unzählige Rezepte mit diesem sehr beliebten Schalentier gesammelt. Aber auch sonst ist in diesem Buch „aal binn'", was die Küche an der Küste so einmalig macht, herzhaft und bodenständig, „sööt, suur un salzig" – wie man eben hier oben gerne isst. Ein bisschen sind die Gerichte modernisiert worden, denn ganz so schwer wie früher kocht und isst man heute nicht mehr, und trotzdem haben alle Gerichte das Typische und das Traditionelle behalten und passen wunderbar zu Watt und Deich, zu Sommerfrische und Wintersturm, zu Segelboot und gemütlicher Kate hinterm Deich. Und ich verspreche Ihnen, sie sind alle leicht nachzukochen.

Wie man hier oben schnackt und lacht, erfährt man durch meine Döntjes, wie Sie es schon von meinen früheren Büchern kennen und worauf ich auch immer wieder angesprochen werde, denn zum zünftigen Essen gehören nicht nur der spezielle Geschmack mit den typischen Zutaten, sondern auch ein norddeutscher Name und eine hübsche Geschichte.

Ich wünsche Ihnen viel Spaß mit diesem Buch und den traumhaften Fotos von Michael Holz, mit denen die Küstenküche auch optisch zu einem echten Genuss wird.

Ihre

Marion Kiesewetter

Wenn dem Norddeutschen kalt ist, kocht er sich sein eigenes Süppchen

SPADDEL MIT'N PADDEL

Suppen

In der Haifischbar ist heute Ball

Krabbensuppe

4 Personen

200 g Nordseekrabbenfleisch
4 Dosen Tomatencremesuppe (à 400 ml)
8 cl Sherry (medium)
1 Würfel Krabben- oder Hummersuppe
250 g Schlagsahne, geschlagen
75 g Crème fraîche
1 Prise Zucker
Salz
schwarzer Pfeffer aus der Mühle
½ Bund Dill, gehackt

Tomatencremesuppe erhitzen und den Krabbensuppenwürfel hineinrühren. Crème fraîche unterheben und mit Sherry, Salz, Pfeffer und Zucker abschmecken. Krabben in die Suppe geben und leicht erwärmen. Suppe in vorgewärmte Teller füllen und einen Löffel steif geschlagene Sahne in die Mitte setzen. Mit Dill überstreuen.

Ein halber Eßl. und ein Teel.
besahn einander stolz und scheel.

Der Teel. erklärte: „*Ich* bin mehr!"
Der halbe Eßl. rief, nein er!

Die Wissenschaft entschied voll Hohn:
Das kommt vom populären Ton.

„Ihr seid", sprach patzig die Madam,
„einfach fünf Gramm und
zehen Gramm."

(Christian Morgenstern)

Zum Hafengeburtstag

Shrimpssuppe

4 Personen

2 Zwiebeln
2 Möhren
3 Staudenselleriestangen
75 g Frühstücksspeck
200 g Kabeljaufilet
Schale und Saft von
1 Limette (unbehandelt)
1 Lorbeerblatt
2 Nelken
1 scharfe Pfefferschote
Meersalz
200 g Schlagsahne
2 TL Speisestärke
175 g Shrimps (Garnelen)

Gemüse putzen, waschen und klein schneiden. Speck würfeln, hell auslassen und das Gemüse darin 3 Minuten andünsten. Zerkleinertes Kabeljaufilet, Limettenschale, Gewürze und Pfefferschote zugeben und 1 Minute mitdünsten. 500 ml Wasser hinzugießen, salzen und 20 Minuten köcheln lassen. Sahne und Speisestärke verquirlen und die Suppe damit binden. Einmal aufkochen lassen. Zuletzt die Shrimps und den Limettensaft zugeben.

Für Lecker-schmecker

Kartoffelsuppe mit Krabben

4 Personen

500 g mehlige Kartoffeln
150 g Petersilienwurzel
Salz
je 100 g Möhren und Zucchini
250 g Schlagsahne
100 g Butter
125 ml Kalbsfond (Glas)
schwarzer Pfeffer aus der Mühle
200 g Nordseekrabbenfleisch
1 Zweig Dill

Kartoffeln und Petersilienwurzel schälen, waschen und in Stücke schneiden. In wenig gesalzenem Wasser ca. 20 Minuten garen. Inzwischen Gemüse putzen und waschen. Möhren in feine Streifen schneiden. Zucchini würfeln. In gesalzenem Wasser 3–4 Minuten blanchieren, abgießen und beiseite stellen. Kartoffeln und Petersilienwurzel mit dem Kartoffelstampfer zerdrücken. Sahne, Butter und Kalbsfond erhitzen und zum Kartoffelpüree geben. Verrühren. Mit Salz und Pfeffer würzen. Blanchiertes Gemüse und Krabben in die heiße Suppe geben und 5 Minuten darin ziehen lassen. Dill waschen und trocken tupfen. Suppe damit anrichten.

Bei der Wache auf der alten Fregatte

Steckrübensuppe mit Schillerlocken

4–6 Personen

1 l Rinderbrühe
750 g Steckrüben
250 g Schmand
Salz
schwarzer Pfeffer aus der Mühle
30 g eiskalte Butter
100 g Schillerlocken
1 Bund Dill

Rinderbrühe erhitzen. Steckrüben halbieren, schälen, würfeln, in die Brühe geben und weich kochen. Anschließend mit dem Pürierstab pürieren. Schmand hineinrühren und mit Salz und Pfeffer würzen. Einmal aufkochen lassen. Kalte Butter in Würfelchen dazugeben und mit dem Pürierstab untermixen. Schillerlocken in feine Scheiben schneiden, in vorgewärmte Teller geben und mit der Suppe übergießen. Mit gehacktem Dill bestreuen.

Von allem etwas

Hamburger Aalsuppe

6 Personen

1 Schinkenknochen (mit Schinkenresten)
1 Bund Suppengrün
2 l Fleischbrühe
200 g Sellerie
250 g Möhren
1 Porreestange
300 g frische Erbsen
500 g Backobst, gemischt
Essig
Zucker
reichlich frische Kräuter: Petersilie, Majoran, Salbei, Rosmarin, Basilikum, Thymian
2 kleine frische Aale (à 300 g), küchenfertig
125 ml Weißwein

Den Schinkenknochen in Wasser 10 Minuten kochen. Das Wasser weggießen. Den Knochen und das geputzte, grob zerkleinerte Suppengrün mit der Fleischbrühe aufkochen und gut eine Stunde kochen lassen. Dann Knochen und Suppengrün aus der Suppe nehmen, Fleisch vom Knochen lösen, in kleine Stücke schneiden und wieder in die Suppe geben. Das Suppengrün wegwerfen. Suppe am besten über Nacht kalt werden lassen und das Fett abschöpfen (es kann für Bratkartoffeln verwendet werden). Das Gemüse putzen und in Stücke schneiden. Die Erbsen enthülsen. Das Backobst mit Wasser bedeckt ausquellen lassen. Gemüse und Obst in die Suppe geben, 20 Minuten kochen lassen. Suppe mit Essig und Zucker deutlich süßsauer abschmecken, mit reichlich gehackten frischen Kräutern würzen. Die Aale gut waschen, in Stückchen schneiden und in Wein und der gleichen Menge Wasser 10 Minuten dünsten. Dann die Aale häuten, entgräten und mit dem Kochfond in die Suppe geben. Zur Aalsuppe werden Schwemmklößchen serviert.

Schwemmklößchen

250 ml Milch
Salz
frisch geriebene Muskatnuss
25 g Butter
125 g Mehl
2 Eier

Milch, Salz, Muskat und Butter zum Kochen bringen. Das Mehl auf einmal hineinschütten, rasch verrühren, bis sich die Masse als Kloß vom Topfboden löst und eine weiße Haut am Topfboden zu sehen ist. Ein Ei in die heiße Masse geben, gut unterrühren, Masse etwas abkühlen lassen, dann das zweite Ei dazugeben und verrühren. Mit zwei nassen Teelöffeln kleine Klößchen formen. 10 Minuten in Salzwasser gar ziehen lassen.

„Aal binn?"
Zur Hamburger Aalsuppe gehören viele Geschichten. Die einen sagen, die Aalsuppe heiße so, weil sie mit reichlich Aalkraut (Bohnenkraut) gewürzt ist, die anderen behaupten, der Name komme daher, weil schließlich „aal binn" ist (ein Resteessen), alles drin. „Aber kein Aal!" Einig ist man sich hingegen darüber, dass Nichthamburger sich geneppt fühlten, wenn sie in ihrer Hamburger Aalsuppe keinen Aal fanden. So gaben Hamburger Gastronomen des lieben Friedens willen den Aal in die Suppe, was ihrer Qualität auf keinen Fall geschadet hat. Die Hamburger Aalsuppe ohne Aal heißt auch noch „Frische Suppe" oder „Saure Suppe".

Coole Träume

Kalte Joghurtsuppe

4 Personen

1 mittelgroßer Zucchino
1 Schalotte
200 g Rucola
450 g Sahnejoghurt
1 EL Sesamöl
250 ml Mineralwasser mit Kohlensäure
Salz
weißer Pfeffer aus der Mühle
Zitronensaft
150 g Nordseekrabbenfleisch

Zucchino waschen, putzen und in kleine Stücke schneiden. Schalotte pellen und vierteln. Rucola waschen und die Stiele abzupfen. Zucchino, Schalotte und Rucola mit dem Joghurt und Sesamöl im Mixer pürieren. Die Suppe in eine Schüssel füllen, das Mineralwasser unterrühren und mit Salz, Pfeffer und Zitronensaft abschmecken. Die Suppe in vier Teller füllen und mit den Krabben bestreuen.

Imbiss auf 'm Katamaran

Schnelle Fischsuppe

4 Personen

600 g Fischfilet (Seelachs, Rotbarsch)
1 Zitrone
2 Zwiebeln
250 g Möhren
300 g Porree
30 g Butter
1 EL Edelsüßpaprika
1 l Gemüsebrühe (Instant)
Salz
schwarzer Pfeffer aus der Mühle
2 Bund glatte Petersilie, gehackt

Den Fisch waschen, trocken tupfen, würfeln und mit dem Saft einer halben Zitrone beträufeln. Zwiebeln pellen und würfeln. Möhren und Porree putzen, waschen und gut abtropfen lassen. Möhren in dünne, Porree in 1 cm dicke Scheiben schneiden. Gemüse in heißer Butter andünsten. Mit Paprikapulver bestäuben. Die Brühe hinzufügen und 5 Minuten kochen lassen. Fischwürfel hinzugeben und weitere 10 Minuten ziehen lassen. Mit Salz und Pfeffer und restlichem Zitronensaft abschmecken. Kurz vor dem Anrichten die gehackte Petersilie unterheben.

Nu wein man nich!

Weinsuppe

4 Personen

500 ml Weißwein
500 ml Wasser
1 Zitronenschale (unbehandelt)
100 g Zucker
30 g Speisestärke
Saft von 1 Zitrone
Makronen

Wein mit Wasser, Zitronenschale und Zucker zum Kochen bringen. Die mit etwas kaltem Wasser angerührte Speisestärke unter Rühren dazugeben und kurz aufkochen lassen. Mit Zitronensaft abschmecken und kalt mit Makronen servieren.

Wat ut 'n Watt

Muschelsuppe

4 Personen

200 g Schalotten
1 Möhre
500 ml Weißwein
250 ml Wasser
2 kg Miesmuscheln
1 kg Venusmuscheln
250 g Kartoffeln
4 Scheiben Bacon
30 g Butter
30 g Mehl
3 Zweige Thymian
125 ml Milch
125 g Schlagsahne
Salz
schwarzer Pfeffer aus der Mühle

Schalotten pellen. Die Hälfte vierteln, den Rest würfeln. Möhre putzen, waschen und klein schneiden. Schalottenviertel, Möhre, 250 ml Wein und Wasser aufkochen. Muscheln darin zugedeckt ca. 6 Minuten kochen (Topf öfter rütteln). Muscheln abtropfen lassen, den Sud dabei auffangen und durchsieben. Kartoffeln schälen und würfeln. Bacon würfeln und in erhitzter Butter auslassen. Herausnehmen. Schalottenwürfel glasig dünsten. Mehl hinzufügen und anschwitzen. Mit dem Muschelsud und restlichem Wein ablöschen. Kartoffeln und Thymianblättchen zugeben, ca. 15 Minuten köcheln lassen. Muschelfleisch aus den Schalen lösen, in der Suppe 2 Minuten erwärmen. Milch und Sahne zugießen, einmal kurz aufkochen lassen. Abschmecken. Bacon zufügen.

Muscheln verarbeiten
Muscheln in einer Schüssel 1 Stunde ruhen lassen. Zwischendurch rütteln. Offene Muscheln wegwerfen (ungenießbar). Restliche unter fließend kaltem Wasser bürsten. Falls nötig, Muschelbärte und kleine Muscheln entfernen.

Kiek mol wedder in

Mecklenburger Biersuppe

4 Personen

500 ml Milch
2 Zimtstangen
60 g Sago
30 g Zucker
2 EL Korinthen
500 ml Braunbier (Malzbier)
2 Eier
Zimtpulver zum Bestäuben

Milch und Zimtstangen kochen, Sago einstreuen und ausquellen lassen. Vom Zucker 2 TL beiseite stellen. Restlichen Zucker, Korinthen und das Bier in die Suppe geben. Das Ganze einmal aufkochen lassen. Zimtstangen herausnehmen. Eier trennen. Eigelb in einer Tasse mit etwas Suppe verquirlen und in die Suppe geben. Bis kurz vor dem Siedepunkt erhitzen. Die Suppe bei kleinster Temperatur heiß halten.
Das Eiweiß mit dem restlichen Zucker sehr steif schlagen. Mit einem Löffel kleine Klößchen abstechen und auf die Suppe setzen. Mit Zimt bestäuben und zugedeckt etwa 5 Minuten stocken lassen. Die Suppe kann heiß und kalt serviert werden.

To'n Antüdeln

Annegretes Weinsuppe

10 Personen

5 l Wasser
1500 g Trockenpflaumen
400 g Rosinen
375 g Perlgraupen
Schale von 1 Zitrone (unbehandelt)
3-4 Zimtstangen
700 ml Rotwein
175 ml Rum
Zucker nach Geschmack

Perlgraupen 12 Stunden in 5 l Wasser einweichen. Pflaumen ca. 2 Stunden in Rotwein einweichen, anschließend darin gar kochen. Rosinen kurz in Wasser kochen und abgießen. Perlgraupen im Einweichwasser ca. 2 Stunden unter mehrmaligem Rühren kochen. Alle Zutaten miteinander vermischen und erwärmen. Mit Zucker abschmecken.

Gegen das Fernweh

Nordfriesische Buttermilchsuppe mit Mehlklüten

4 Personen

250 g durchwachsener Räucherspeck
500 g Birnen
50 g Rosinen
500 ml Buttermilch
2 EL Mehl
3 EL Zucker

Speck mit 500 ml Wasser aufsetzen und zugedeckt 2 $^1/_2$ Stunden garen. Birnen schälen, vierteln, entkernen und in feine Schnitze schneiden. Den Speck aus der Brühe nehmen, Birnen und Rosinen 10 Minuten darin ziehen lassen. Buttermilch, Mehl und Zucker unter ständigem Rühren zum Kochen bringen. Speckbrühe mit Birnen und Rosinen dazuschütten, im offenen Topf noch 10 Minuten ziehen lassen. Den Speck in Scheiben dazureichen.

Tipp

In diese nordfriesische Buttermilchsuppe müssen unbedingt Mehlklüten hinein.

4 Personen

1 TL Salz
2 EL Butter
375 g Mehl
2 Eier

500 ml Wasser mit Salz und Butter zum Kochen bringen. 250 g Mehl hineinschütten, mit dem Holzlöffel zu einem glatten Kloß verrühren. Den Topf vom Herd nehmen, ein Ei in den Teig schlagen und darin verrühren. Das zweite Ei und das übrige Mehl in den abgekühlten Teig geben und verrühren. Reichlich Salzwasser in einem Topf zum Kochen bringen. Mit 2 Esslöffeln aus dem Teig Klüten abstechen und glatt formen. Die Klüten in das Wasser gleiten lassen und im offenen Topf 10 Minuten ziehen, aber nicht kochen lassen. Dann mit einer Schaumkelle herausheben und in eine Schüssel geben, in der auf dem Boden eine umgedrehte Untertasse liegt. Sie verhindert, dass die Klüten matschig werden und zusammenkleben.

Auch für Singles

Hochzeitssuppe

6–8 Personen

2 Bund Suppengrün
1,5 kg magere Rinderbrust
2 EL gekörnte Brühe
2 Lorbeerblätter
10 Pfefferkörner
Salz
schwarzer Pfeffer aus der Mühle
125 g Rosinen
1 altbackenes Brötchen
1 Zwiebel
2 TL Butter
500 g Rinderhackfleisch
1 Ei
250 g Langkornreis
1 Bund Petersilie, gehackt

Das Suppengrün putzen, waschen und grob zerkleinern. Zusammen mit Rinderbrust, gekörnter Brühe, Lorbeerblättern und Pfefferkörnern in einen Suppentopf geben. 3 l kaltes Wasser angießen und aufkochen. Abschäumen und bei geringer Hitze im offenen Topf 2–3 Stunden leise köcheln lassen. Die Brühe durchsieben. Das Fleisch in die Brühe geben und über Nacht kühl stellen. Am nächsten Tag die Brühe entfetten und mit Salz und Pfeffer abschmecken. Fleisch in der Brühe langsam erhitzen. Rosinen in heißem Wasser einweichen. Das Brötchen zum Aufquellen in Wasser legen. Zwiebel pellen und fein würfeln. Butter erhitzen und die Zwiebel darin glasig dünsten. Brötchen ausdrücken, zusammen mit Hackfleisch, Zwiebel, Ei, Salz und Pfeffer zu einem glatten Teig verkneten. Mit angefeuchteten Händen kleine Klößchen formen und in leicht gesalzenem Wasser 5 Minuten gar ziehen lassen. Die Klößchen warm stellen. Den Reis in 500 ml leicht gesalzenem Wasser etwa 20 Minuten garen. Die Rosinen abgießen. Unter den Reis mischen und darin kurz erhitzen. Das Fleisch aus der Brühe nehmen und würfeln. Die Fleischbrühe in eine vorgewärmte Terrine gießen. Die anderen Zutaten (Fleisch, Hackklößchen, Reis) in separaten Schüsseln anrichten und mit gehackter Petersilie bestreuen. Bei Tisch nimmt sich jeder von den verschiedenen Zutaten auf den Teller und gießt zum Schluss die heiße Brühe darüber.

Saft und Kraft

Frische Suppe

4–6 Personen

1 kg Suppenfleisch
2 Markknochen
Salz
1 EL Gemüsebrühepaste
250 g Sellerie
3 Möhren
2 Petersilienwurzeln
1 Kohlrabi
150 g Porree
150 g Brechbohnen
1 kleiner Blumenkohl
1 Bund glatte Petersilie, gehackt

Fleisch und Markknochen in 3 l gesalzenem Wasser aufsetzen, zum Kochen bringen, die Gemüsepaste dazugeben und 1 1/2–2 Stunden ohne Deckel leise köcheln lassen. Das Gemüse putzen, waschen und klein schneiden. Blumenkohl in Röschen teilen. Fleisch und Knochen aus der Brühe nehmen. Gemüse in die Brühe geben und garen. Fleisch würfeln und zur Suppe geben. Kurz vor dem Servieren die Petersilie in die Suppe rühren.

Dazu: Schwemmklößchen

Knicksupp

Fliederbeersuppe mit Klüten

4 Personen

1 l Holunderbeersaft
125 g Zucker
250 ml Wasser
Schale von 1 Zitrone (unbehandelt)
½ Stange Zimt
2 Nelken
1 TL Speisestärke
3 säuerliche Äpfel
90 g Zucker
1 EL Zitronensaft

Für die Klüten:
Salz
40 g Butter
80 g Grieß
2 Eier

Holunderbeersaft mit Zitronenschale, Zimt und Nelken aufkochen, mit in Wasser angerührter Speisestärke binden. Äpfel schälen, vierteln, entkernen und in kleine Stücke schneiden. Mit Zucker, Zitronensaft und 125 ml Wasser aufkochen. Zugedeckt gar ziehen lassen. Äpfel erst kurz vor dem Servieren in die Suppe geben, damit sie sich nur leicht rosa färben. Für die Klüten 250 ml Wasser mit Salz und Butter aufkochen. Den Grieß hineinrühren und zu einem festen Brei umrühren. Wenn sich der Teig vom Topfboden löst und sich ein heller Belag bildet, den Topf vom Herd nehmen und nacheinander die Eier hineinrühren. Den Teig abkühlen lassen, mit einem in kochendes Wasser getauchten Esslöffel Klöße abstechen. Im Salzwasser 20 Minuten ziehen lassen, bis sie an der Oberfläche schwimmen. Mit einer Schaumkelle herausnehmen und in einer Schüssel anrichten, in die man eine umgedrehte Untertasse gelegt hat, damit die Klüten gut abtropfen. Klüten in Suppenteller legen und die heiße Fliederbeersuppe darübergießen.

Tipp

Fliederbeeren sind Holunderbeeren, und Klüten nennt man anderswo Klöße oder Knödel.

Die Holunderbeeren heißen in Norddeutschland Fliederbeeren – warum, ist nicht bekannt, denn auch sie wachsen an Holunderbeersträuchern, und diese wachsen überall, meistens an „Knicks".

Ein Knick ist ein mit Sträuchern bewachsener Erdwall, der die Felder umsäumt und vor Wind und Unwetter schützt. Und weil die Beeren der Holunderbeersträucher meistens gar nicht in den Geschäften angeboten werden, werden sie am Knick kostenlos selbst gepflückt. Daher hat die Fliederbeersuppe im Plattdeutschen auch den Namen Knicksupp.

Vitaminstoß

Bickbeersuppe

4 Personen

375 g Bickbeeren (Heidelbeeren)
50 g Zucker
Schale von einer Zitrone (unbehandelt)
20 g Speisestärke

Bickbeeren verlesen und waschen, dann in 500 ml Wasser mit dem Zucker und der Zitronenschale einmal kräftig aufkochen. Speisestärke mit 2 TL kaltem Wasser verrühren und die Suppe damit binden. Zitronenschale entfernen. Bickbeersuppe kann man heiß oder kalt servieren.

Dazu: Grießklüten

An Norddeutschlands Küsten schätzt man süße Suppen als Vorspeise oder als Hauptgericht. Vorweg eine Bickbeersuppe und als Hauptgang eine Schüssel Bratkartoffeln wäre eine korrekte Reihenfolge und sehr beliebt.

Evas Verführung

Apfelsuppe mit Schneeklößchen

4 Personen

4 Äpfel (Holsteiner Cox Orange)
125 ml Weißwein
2 EL Zitronensaft
1 Vanillestange
50 g Rosinen
2 Eier, getrennt
4 EL Zucker
1 Prise Salz
1 Pck. Vanillezucker
1 EL Speisestärke

Äpfel schälen, vierteln, entkernen und in dünne Scheiben schneiden. Mit Weißwein, Zitronensaft, aufgeschlitzter Vanillestange, 500 ml Wasser und Rosinen zum Kochen bringen. Eigelb und Zucker verrühren, bis sich der Zucker aufgelöst hat. Eiweiß und Salz zu steifem Schnee schlagen, Vanillezucker hineinrieseln lassen. Speisestärke mit etwas Wasser anrühren und sofort nach dem Aufkochen in die Apfelsuppe rühren und einmal aufwallen lassen. Vom Eischnee mit einem Esslöffel kleine Nocken abstechen und auf die Suppe setzen. Zugedeckt bei schwacher Hitze 5 Minuten ziehen lassen. Die Schneeklößchen mit einer Schaumkelle herausheben und auf vier Suppentellern verteilen. Eigelbschaum in die Suppe rühren. Die Suppe mit Zucker und Salz abschmecken und neben den Schneeklößchen in die tiefen Teller füllen.

Tipp

Apfelsuppe mit Schneeklößchen schmeckt auch als Kaltschale sehr gut.

Bevor man im Norden zur Sache kommt, wird erst mal Appetit gemacht

VORNWEG

Vorspeisen

Auf Du und Du mit Daddeldu

Matjes in geschlagener Sahne

4 Personen

8 Aalrauch-Matjesfilets
2 gehäutete Tomaten
1/4 Salatgurke
250 g Sahnejoghurt
Saft von 1 Zitrone
1 TL mittelscharfer Senf
Salz
schwarzer Pfeffer aus der Mühle
1 Prise Zucker
200 g Schlagsahne
1 EL Kapern
1 Bund Schnittlauch

Matjes auf Küchenpapier ausbreiten und abtropfen lassen. Tomaten würfeln. Gurke schälen und in kleine Würfel schneiden. Joghurt mit Zitronensaft und Senf glatt rühren. Mit Salz, Pfeffer und Zucker abschmecken. Sahne steif schlagen und den angerührten Joghurt löffelweise darunterheben. Tomaten, Gurken und Kapern zufügen und darunterziehen. Aalrauch-Matjes aufrollen und in eine flache Schüssel legen. Die Soße darüber verteilen. Mindestens 3–4 Stunden zugedeckt im Kühlschrank durchziehen lassen. Kurz vor dem Servieren mit Schnittlauch bestreuen.

Der Hering erzählt zur nächtlichen Zeit
dem Walfisch die letzte Neuigkeit:
„Frau Aal hat neulich den Hummer geneckt,
indem sie ihn aus dem Schlummer geweckt.
Da gab es einen großen Disput.
Der Hummer fauchte und kochte vor Wut.
Und weil er kochte, so wurde er rot,
und als er rot war, da war er schon tot."
„Ja", seufzte der Walfisch und weinte gar sehr,
„ja, tote Hummer leben nicht mehr."
(Joachim Ringelnatz)

Aus dem Priel

Krabbensalat mit Radieschen

4 Personen

3 EL Limettensaft
Salz
schwarzer Pfeffer aus der Mühle
1 Prise Zucker
1 Bund Dill
3 Schalotten
6 EL Öl
400 g Nordseekrabbenfleisch
1 großes Bund Radieschen
Salatblätter zum Garnieren

Limettensaft, Salz, Pfeffer und Zucker miteinander verrühren. Dill abbrausen, trocken schütteln und fein hacken. Schalotten pellen, in sehr kleine Würfel schneiden und mit dem Dill dazugeben. Danach erst das Öl einrühren. Krabbenfleisch hineingeben und gut durchziehen lassen. Radieschen waschen und in Stifte schneiden. Salatblätter abbrausen, trocken schütteln und auf 4 Teller legen. Den Krabbensalat darauf anrichten. Radieschenstifte leicht salzen, auf den Krabbensalat streuen und servieren.

Bei steifer Brise

Räucherlachs-Iglus

4 Personen

8 Räucherlachsscheiben
400 g Schafskäse (Feta)
80 g Schlagsahne
2 Schalotten
1 Bund Dill

Schafskäse zerbröckeln und mit der Sahne cremig rühren. Schalotten pellen und sehr fein würfeln. Dill abbrausen, trocken schütteln und fein hacken. Beides unter die Schafskäse-Creme mischen. Mit Pfeffer abschmecken. Salz ist nicht nötig, da der Schafskäse salzig genug ist. Suppenkelle mit jeweils 2 Scheiben Räucherlachs auslegen und über den Rand hängen lassen. Anschließend mit dem angemachten Schafskäse füllen und glatt streichen. Lachsscheiben nach innen klappen. Räucherlachs-Iglus auf 4 Teller stürzen und mit Dillzweigen dekorieren.

Katerfrühstück

Matjestartar

4–6 Personen

8 Matjesfilets
4 Zwiebeln
2 Gewürzgurken
1 Bund Petersilie
200 g Butter, gesalzen
Kopfsalat, Tomaten und Kresse

Matjesfilets fein zerhacken. Zwiebeln und Gurken fein würfeln. Petersilie hacken. Alles in einer Schüssel vermischen. Weiche Butter vorsichtig unterheben. Zu einem Laib formen und kühl stellen. Auf einer Platte mit Salatblättern, Tomaten und Kresse garniert servieren.

Tipp

Für ein kaltes Büfett das Matjestartar in ausgehöhlte Tomaten füllen und im Kühlschrank gut durchkühlen lassen. Dann auf Salatblättern anrichten und mit Kresse garnieren.

Bier und Wein sind sicherlich die populärsten alkoholischen Getränke Deutschlands beziehungsweise Europas. Im rauen Norden braucht man ab und zu noch zusätzlich etwas zum Aufwärmen. Die Landbevölkerung konsumiert dann in erster Linie Korn, und die Seeleute trinken Rum. Wenn ganz extrem schlechtes Wetter ist: Rumgrog. Der heizt ein! Ein Fischer aus Büsum hatte einmal dem Rumgrog etwas zu sehr zugesprochen und kam mit starker Schlagseite zu einem Arzttermin. Der Arzt begann ihn zu untersuchen, brach dann aber ab und sagte: „Es geht nicht, zu viel Alkohol!" Da sagte der Fischer: „Macht nichts, Herr Doktor. Ich komm noch mal, wenn Sie wieder nüchtern sind."

SOS im Loch Ness

Krabbentöpfchen

4 Personen

200 g Nordseekrabbenfleisch
1 TL Zitronensaft
400 g Champignons
2 EL Petersilie, gehackt
1 Ei
6 EL Schlagsahne
1 Knoblauchzehe, zerdrückt
50 g geriebener Gouda
Salz
schwarzer Pfeffer aus der Mühle

Das Krabbenfleisch mit Zitronensaft beträufeln, salzen und pfeffern. Die Champignons putzen und in Scheiben schneiden. Krabben, Champignonscheiben und die Hälfte der Petersilie vermischen. Kleine Förmchen mit Butter ausfetten und die Krabben-Pilz-Mischung hineinfüllen. Sahne, Ei und Knoblauch verrühren und über die Krabben gießen. Mit geriebenem Käse bestreuen und im vorgeheizten Backofen bei 200° C überbacken. Mit der restlichen Petersilie garnieren und heiß auf den Tisch.

Dazu: aufgebackenes Baguette

Alle Jahre wieder, im Hochsommer, haben die Tageszeitungen ein Nachrichtentief , das so genannte Sommerloch. Dann wird jedes Mal die ungeheuerliche Geschichte vom „Ungeheuer von Loch Ness" herausgekramt und neu dekoriert, um den Sensationshunger der Leser zu stillen. Dies fällt zeitlich mitten in die Krabbensaison, und ich habe das zum Anlass genommen, den Hunger meiner Leser zu stillen. Probieren Sie's einmal, schmeckt „unheimlich" gut.

Seemannsproviant

Wirsingröllchen mit Pilzfüllung

4 Personen

4 schöne große Wirsingkohlblätter
Salz
200 g Shiitake-Pilze
1 EL Zwiebelwürfel
20 g Butter
150 g Frischkäse
2 EL Petersilie, gehackt
2 EL Parmesan, gerieben
2 EL Pistazien, gehackt
250 g Schlagsahne

Die Wirsingblätter in kochendem Salzwasser blanchieren. Pilze putzen und klein schneiden. Zwiebelwürfel in der Butter glasig braten, Pilze dazugeben und andünsten. Abkühlen lassen und mit den übrigen Zutaten (bis auf die Sahne) vermischen. Salzen. Wirsingblätter zum Abtropfen auf Küchenpapier ausbreiten. Dicke, harte Stiele herausschneiden. Die Füllung in die Mitte der Blätter setzen. Jeweils die beiden Querseiten einschlagen und das Wirsingblatt vom Stielende zur Spitze aufrollen. Die Röllchen dicht nebeneinander in einen Topf setzen. Mit Sahne begießen und etwa 20 Minuten garen.

Tipp

Die doppelte Menge des Rezeptes zubereiten, denn die Wirsingröllchen lassen sich auch sehr gut einfrieren. Als Hauptgericht die Wirsingröllchen in eine Auflaufform legen, mit einer Tomaten-Sahne-Soße übergießen, mit geriebenem Parmesan überstreuen und im Backofen überbacken, bis der Käse geschmolzen ist.

Die Liebe der Matrosen

Kieler Sprotten mal anders

4 Personen

500 g Kieler Sprotten
1 Bund Petersilie, gehackt
1 Kästchen Kresse
Essig
Öl
Salz
schwarzer Pfeffer aus der Mühle

Kopf und Schwanz der Sprotten entfernen, die Haut abziehen und die Mittelgräte herauslösen. Die Sprotten auf einer Platte anrichten, mit Essig und Öl beträufeln. Salzen und pfeffern. Mit Petersilie und Kresse bestreuen.

Dazu: Vollkornbrot und Butter

Bugsierdampfer-kapitänsmahlzeit

Matjesgeschnetzeltes auf Blinis

4 Personen

Matjestartar:
4 Matjesfilets
2 Schalotten
2 Gewürzgurken
1 säuerlicher roter Apfel
1 Bund Dill
Saft von 1/2 Zitrone

Blinis:
100 g Buchweizenmehl
50 g Weizenmehl
1 gute Prise Salz
10 g frische Hefe
250 ml Milch
3 EL flüssige Butter
2 Eier, getrennt
Öl oder Butterschmalz zum Braten
etwas flüssige Butter zum Begießen der Blinis

Außerdem:
125 g Crème fraîche
Dill zum Garnieren

Matjesfilets, Schalotten und Gewürzgurken sehr fein würfeln. Apfel vierteln, Kerngehäuse entfernen und fein würfeln. Dill hacken. Alles mit dem Zitronensaft mischen und im Kühlschrank 1 Stunde durchziehen lassen. Für die Blinis beide Mehlsorten und Salz mischen. Hefe in einer Tasse lauwarmer Milch auflösen und zum Mehl gießen. Restliche lauwarme Milch, flüssige Butter und Eigelb zum Mehl geben und alles gut verrühren. Mit dem Geschirrtuch abdecken und an einem warmen Ort gehen lassen, bis sich der Teig sichtlich vergrößert hat. Teig gut durcharbeiten. Eiweiß zu Schnee schlagen und unter den Teig heben. Fett in einer beschichteten Pfanne erhitzen und mit einer kleinen Kelle Teigplätzchen in die Pfanne setzen. Von beiden Seiten goldgelb backen. Vor dem Servieren die Blinis mit flüssiger Butter bestreichen und das Matjestartar darauf anrichten. Mit einem Klecks Crème fraîche und Dillzweigen garnieren.

„Wäre der Hering so selten wie Kaviar, würde man ihn als feinsten Leckerbissen gelten lassen", schwärmte schon der „Eiserne Kanzler" Fürst Bismarck.

Aus dem Seesack

Frittierte Krabbentaler

6 Personen

125 g Nordseekrabbenfleisch
2 Eiweiß, 2 TL Speisestärke
1 Prise Zucker, Salz
Sojasoße, Tabasco
3 eingeweichte chinesische Morcheln
gemahlener Koriander
8 Scheiben Toastbrot
70 g gek. Schinken, gewürfelt
1 l Öl zum Frittieren

Krabbenfleisch mit einem Eiweiß und 1 TL Speisestärke im Mixer pürieren. Mit Zucker, Salz, Sojasoße und 2 Spritzern Tabasco abschmecken. Morcheln abtropfen lassen, mit dem zweiten Eiweiß und der restlichen Speisestärke ebenfalls im Mixer zerkleinern. Beides miteinander vermengen und mit Koriander würzen. Taler aus dem Toastbrot stechen (ca. 4 cm Durchmesser). Mit Morchelwasser bestreichen und die Krabbenmasse darauf verteilen. Mit Schinkenwürfeln bestreuen. Öl im Wok erhitzen, Taler mit bestrichener Seite nach oben darin 2 Minuten brutzeln lassen, danach wenden, herausheben, auf Küchenpapier abtropfen lassen und auf einem Kressebett servieren.

Zur Büsumer Kutterregatta

Fischragout in Blätterteigpastetchen

4 Personen

500 g Fisch (Kabeljau, Rotbarsch, Schellfisch)
4–6 Blätterteigpastetchen (Bäcker)
40 g Butter
40 g Mehl
100 g Scampi
100 g feine grüne TK-Erbsen
100 g frische Champignons
100 ml trockener Weißwein
1 Eigelb
Salz
weißer Pfeffer aus der Mühle
Saft von 1 Zitrone
1 EL Essig
Thymian
1 Lorbeerblatt
Dill zum Garnieren

Den Fisch in gesalzenem Wasser mit Lorbeerblatt, Thymian und 1 EL Essig garen. Mit einer Schaumkelle den Fisch herausheben und gut abtropfen lassen. Butter in einem Topf zerlassen und das Mehl darin anschwitzen. Mit 400 ml Fischsud und dem Weißwein ablöschen. Mit Pfeffer und Zitronensaft abschmecken. Erbsen und gesäuberte Scampi in der heißen Soße ca. 5 Minuten ziehen lassen. Dann mit dem Eigelb legieren. Die gewaschenen und blättrig geschnittenen Champignons und den vorsichtig zerpflückten Fisch dazugeben. In warme Blätterteigpastetchen füllen, mit Dill garnieren und servieren.

Aus Neptuns Schatztruhe

ZU FISCH!

Fischgerichte

Schatz aus der Wehle

Karpfen in Bierteig

4 Personen

1 1/2 kg Karpfen (vom Fischhändler küchenfertig zubereiten und halbieren lassen)
Salz
2 Eiweiß
Mehl
250 ml Bier
200 g Butter

Karpfenhälften waschen und trocken tupfen. Von innen und außen mit Salz einreiben. Eiweiß sehr steif schlagen und nach und nach das Mehl unterrühren. Bier und eine Prise Salz hinzugeben und zu einem glatten Teig rühren. Die Karpfenhälften mit dieser Masse von beiden Seiten dick bestreichen. Butter in einer großen Pfanne heiß werden lassen und die Karpfenhälften darin nacheinander knusprig ausbacken. Bei Bedarf noch etwas Butter dazugeben. Die Karpfenhälften sollten in Butter schwimmend ausgebacken werden. Backdauer je Hälfte ca. 20 Minuten.

Unter die Haube gebracht

Seezunge in Salzkruste

2 Personen

1 Seezunge von 600–700 g (küchenfertig)
2 kg grobes, ungereinigtes Meersalz (Reformhaus)
2 Eiweiß
1 Rosmarinzweig
1 Thymianzweig

Die Seezunge wird mit der Haut verwendet, also muss sie ganz frisch sein. Das Eiweiß mit dem Salz vermischen. Backblech mit Backpapier belegen und eine 1 cm dicke Salzschicht darauf verteilen. Die ausgenommene, gewaschene und trocken getupfte Seezunge darauflegen. Rosmarin- und Thymianzweig auf den Fisch legen und mit einer dicken Schicht Salz bedecken. Alles gut andrücken. 15–20 Minuten in den auf 200° C vorgeheizten Backofen schieben. Herausnehmen, die Salzkruste aufklopfen und einzelne Stücke abheben, wenn möglich gleich mit der Haut. Diese spannende Prozedur kann man auch gut am Tisch vornehmen.

Dazu: Salzkartoffeln und zerlassene Butter

Tipp

Fische in Meersalz zu garen ist eine sehr alte, aber fischgerechte Zubereitungsart. Durch das grobe, ungereinigte Meersalz können die in der Hitze entstehenden Dämpfe im Fisch aufgenommen werden. Der Fisch behält seinen Eigengeschmack und seine Saftigkeit, und er nimmt von der Salzkruste nicht mehr Salz auf, als er zur geschmacklichen Vollendung braucht. Deshalb sollte man auch möglichst keine gewürzten Soßen dazu reichen, sondern nur zerlassene Butter oder duftendes Olivenöl mit Zitronensaft vermischt, um ungetrübt genießen zu können. Diese Methode kann man auch auf andere Fische übertragen – etwa Scholle, Flunder, Steinbutt oder Hering.

Was von den Schuten die Sirenen tuten

Hamburger Pannfisch

4 Personen

1 Zwiebel
1 EL Salz
2 Lorbeerblätter, 1 EL Pfefferkörner
3 EL Weißweinessig
1 kg Lengfisch mit Haut und Gräten
750 g Kartoffeln, festkochend
3 EL Senf, mittelscharf
100 g Butter, eiskalt
80 g Butterschmalz
schwarzer Pfeffer aus der Mühle
1 Bund glatte Petersilie, gehackt

Zwiebel pellen und grob würfeln. Kartoffeln waschen, kochen, pellen und in Scheiben schneiden. 1 l Salzwasser, Lorbeerblätter, Pfefferkörner, Essig und Zwiebelwürfel aufkochen. Den Lengfisch dazugeben und gar ziehen lassen. Topf von Herd nehmen und den Fisch im Sud erkalten lassen. Fisch aus dem Sud heben, häuten, entgräten und in mundgerechte Stücke schneiden.
500 ml Sud abnehmen und mit Senf verrühren. 30 g Butter und das Butterschmalz in einer großen Pfanne erhitzen, Kartoffeln darin wenden und knusprig braten. Salzen und pfeffern. Den Fisch vorsichtig darunterheben. Senfsud zum Kochen bringen und mit der restlichen eiskalten Butter binden. Soße über den Fisch gießen, bei milder Hitze 10 Minuten durchziehen lassen. Mit gehackter Petersilie bestreut servieren.

Dass Seeleute und die Seefahrt immer wieder zu Geschichten und Balladen angeregt haben, habe ich schon erwähnt. Dass der Fisch als lebenswichtiges Grundnahrungsmittel in Sagen und Märchen mystifiziert wurde, ist auch vielfach belegt, und mich hat als Kind besonders das Märchen vom „Fischer un syne Fru" mit dem Riesenfisch Manntje Timpe Te beeindruckt. Ihm werden übersinnliche Kräfte zugesprochen. Als Kind fesselt die Geschichte, also die Handlung. Später beim Wiederlesen kommen einem weitere Gedanken. Der Fisch ist aus der Geschichte der Menschheit nicht wegzudenken, hat besonders an der Küste viele Schicksale geprägt und daher mystische Bedeutung. Vom alten Märchen vom „Timpe Te" bis hin zur Erzählung aus dem 20. Jahrhundert „Der alte Mann und das Meer" ist gar kein weiter Weg. Was wären wir ohne Fisch?!

Wattgeflüster

Seezunge mit Queller

4 Personen

4 mittelgroße Seezungen, küchenfertig
Saft von 1 Zitrone
Salz
schwarzer Pfeffer aus der Mühle
Mehl
Butter
500 g Salzwiesen-Queller, im Fischfachhandel bestellen

Den Fisch abspülen und trocken tupfen. Mit Zitronensaft beträufeln, salzen und pfeffern. Anschließend in Mehl wenden. Butter in einer Pfanne erhitzen und die Seezungen darin von beiden Seiten goldgelb braten. Salzwiesen-Queller waschen und ca. 1 Minute in kochendem Wasser garen. Anschließend in Eiswasser abschrecken. Durch das Abkühlen im Eiswasser behält der Queller seine grüne Farbe. Kurz vor dem Anrichten den Queller in flüssiger Butter schwenken. Seezungen und Quellergemüse auf vier Tellern anrichten.

Dazu: Salzkartoffeln

Der Queller ist essbar und wird kulinarisch auch Meeresspargel oder Salicorn (französisch Salicorne) genannt. Er ist eine köstliche, überaus wertvolle Meerespflanze mit einem leicht pfeffrigen Geschmack und kann als Rohkost oder blanchiert serviert werden. Weltweit geht man von circa 15 Arten dieser Gattung aus. Hauptverbreitungsgebiet sind die Küsten der gemäßigten Breitengrade, aber auch im Binnenland (vor allem in Russland) gibt es große Vorkommen. Sie alle sind Pionierpflanzen der Salzwiesen. Queller wird ab Mai von Hand geerntet. Nur die jungen Pflanzen, die noch sehr zart sind, kurz nachdem sie aus der Erde sprießen, finden für die Weiterverarbeitung Verwendung. Die Asche vom Queller ist reich an Natrium und wurde früher zur Seifenherstellung und in der Glasbläserei verwendet. Sollten Sie bei Wattwanderungen Queller finden, denken Sie daran, dass das Pflücken in Naturschutzgebieten verboten ist. Aber inzwischen gibt es Salicorn auch als französisches Konservenprodukt oder frisch im Fischfachhandel.

Blanker Hans

Rotbarsch unter Krabben-Champignon-Soße

4 Personen

4 mittelgroße Rotbarschfilets
Saft von 1 Zitrone
Salz
50 g Butter
250 g Champignons
200 g Nordseekrabbenfleisch
1 Bund Petersilie, gehackt
250 ml Weißwein
weißer Pfeffer aus der Mühle
1 Eigelb
2 EL Schlagsahne

Rotbarschfilet waschen und trocken tupfen. Mit Zitronensaft beträufeln. Leicht salzen. Champignons putzen, wenn nötig waschen und blättrig schneiden. Einige Champignons und Krabben zum Garnieren beiseite legen. Butter in einer Pfanne erhitzen. Fischfilets darin anbraten. Mit der Hälfte der Champignons, der Hälfte der Krabben, $\frac{1}{2}$ Bund Petersilie und Weißwein 10 Minuten gar dünsten. Fische aus der Pfanne nehmen und warm stellen. Sud mit Pfeffer und Salz würzen. Restliche Champignons und Krabben darin erhitzen. Mit Eigelb und Sahne legieren.

Filets auf einer Platte anrichten und mit der Soße bedecken. Mit Champignons und Krabben garnieren.

Warum ist der Rotbarsch rot?
Ein Barsch ist der Rotbarsch zwar nicht (er ist ihm nur ähnlich), aber rot ist er zweifellos. Und das ausgerechnet, um sich zu tarnen. Kaum zu glauben. Aber wer jemals rote und blaue Farbe vermischt hat, wird sofort verstehen, warum die Natur zu diesem Trick gegriffen hat: Die Mischung von Rot und Blau ergibt Schwarz. Tiefblau nämlich ist die See dort, wo der Rotbarsch lebt, in einer Tiefe von 100 bis 600 Metern. Und darum erscheint der Rotbarsch in dieser Tiefe als nachtdunkler Schatten.

Schmatz, Schmatz, Ringelnatz

Flambierte Seezungenfilets

4 Personen

600 g Seezungenfilets
Saft von 1 Zitrone
50 g Butter
100 g geriebener Käse (Gouda)
250 g Schlagsahne
Salz
schwarzer Pfeffer aus der Mühle
1 Bund Schnittlauch, in Röllchen geschnitten
1 Bund Petersilie, gehackt
Fett für die Auflaufform
Whisky zum Flambieren

Die Filets waschen, trocken tupfen und mit Zitronensaft beträufeln. Mit Salz und Pfeffer würzen. Die Filets mit 70 g geriebenem Käse und 30 g Butterflöckchen bestreuen und aufrollen. Mit einem Holzspießchen feststecken. Auflaufform mit Butter einstreichen und die Fischrollen hineinstellen. Mit dem restlichen Käse und Butterflöckchen belegen. Im vorgeheizten Backofen bei 250° C auf der obersten Schiene etwa 10 Minuten garen. Auflaufform aus dem Backofen nehmen und die Fischrollen mit erwärmtem Whisky übergießen, anzünden und flambieren. Wenn die Flammen erloschen sind, die Filets mit der flüssigen Sahne begießen und gehackte Petersilie und Schnittlauch darüberstreuen. Im Backofen weitere 10 Minuten gratinieren.

Dazu: Kroketten

Seeleute nennen das Seepferdchen Ringelnatz. Der Autor humorvoller Seemannsgedichte, Hans Bötticher, wählte diesen Namen als Pseudonym und hieß seitdem Joachim Ringelnatz. In vielen seiner Gedichte ist Kuddel Daddeldu die Hauptperson, und der feiert in dem beliebtesten Ringelnatz-Gedicht im Hamburger Kellerlokal „König von Schweden" bis zur völligen Trunkenheit Weihnachten. Ringelnatz machte aus seinem Alkoholkonsum nie einen Hehl und schlug die Ermahnungen meist älterer Damen in den Wind. Einer Dame sagte er einmal: „Mag schon sein, dass ich voll bin – und du bist hässlich! Aber ich bin morgen wieder nüchtern."

Nachts um halb eins

Eingelegte Bratheringe

4–5 Personen

12 grüne Heringe (bratfertig, vom Fischhändler ausgenommen)
1/2 TL schwarzer Pfeffer aus der Mühle
1 TL Salz, etwas Mehl
125 ml Öl, 500 ml Weinessig
500 ml Fleischbrühe (Instant)
2 Lorbeerblätter, 2 EL Senfkörner
10 Pimentkörner, 1 EL Pfefferkörner
1 EL Zucker
1 Bund Dill, 4 Zwiebeln

Die bratfertigen Heringe innen und außen mit Pfeffer und Salz einreiben. Öl erhitzen, die Fische in Mehl wenden, in die Pfanne legen und ringsherum knusprig braun braten. Anschließend auf Küchenpapier abtropfen lassen. Inzwischen Essig und Brühe aufkochen. Die Gewürze einschließlich Zucker hineingeben, den Sud 5–10 Minuten ziehen lassen. Dillästchen abzupfen, Zwiebeln pellen und in dünne Ringe schneiden. Beides mit den gebratenen Heringen in ein Glas schichten und mit dem heißen Essigsud übergießen. Mindestens 3 Tage ziehen lassen, dann mit Bratkartoffeln und grünem Salat in Sahnesoße servieren.

Grüße aus Hongkong

Heringe im Teigmantel

4 Personen

8 grüne Heringe, küchenfertig
Saft von 1 Zitrone
verschiedene gehackte Kräuter
Salz
schwarzer Pfeffer aus der Mühle
1 Tasse Bier
1 EL Öl
1 Tasse Wasser
150 g Mehl
2 Eiweiß
Fett zum Ausbacken

Soße:
1 Zwiebel
3 Stangen Staudensellerie
2 EL Erdnussöl
1 kleine Dose Mandarinen (Abtropfgewicht 175 g)
1/2 –1 frische rote Chilischote, fein gewürfelt
125 ml Hühnerbrühe (Instant)
3 EL Essig
2 EL Sojasoße
Salz
schwarzer Pfeffer aus der Mühle
1–2 EL Speisestärke

Die Heringe waschen und trocken tupfen. Mit Zitronensaft beträufeln. Mit den frischen Kräutern einreiben, salzen und pfeffern. Etwas ziehen lassen. Bier, Öl und Wasser in einer Schüssel zusammengießen und nach und nach das Mehl darunterziehen. Salzen. Den Teig an einem warmen Ort etwas quellen lassen. Eiweiß steif schlagen und zum Schluss darunterheben. Die Heringe durch den Teig ziehen und im heißen Fett im Wok ausbacken. Für die Soße Zwiebel pellen und in Ringe schneiden. Sellerie putzen, waschen und fein schneiden. Erdnussöl erhitzen. Zwiebeln, Sellerie und Chilischote kurz darin anbraten. Mandarinen mit Saft und Brühe zugeben und einmal kurz aufkochen. Mit Essig, Sojasoße, Salz und Pfeffer abschmecken. Speisestärke mit einem Schuss Wasser glatt rühren und die Soße damit binden. Die Heringe auf eine Platte geben und die Soße darübergießen.

Dazu: Safranreis

Up 'n Swutsch

Krabben in Gemüsereis

4 Personen

2 Möhren, 1 Bund Frühlingszwiebeln
4 EL Erdnussöl
200 g Nordseekrabbenfleisch
2 EL Sojasoße, 3 EL Obstessig
1 TL Zucker
3 Eier
1 TL Salz
schwarzer Pfeffer aus der Mühle
300 g gekochter Reis
1 Bund Schnittlauch, in Röllchen geschnitten
2 EL gehobelte Mandeln, geröstet

Möhren putzen, waschen und würfeln. Frühlingszwiebeln putzen, waschen und in feine Ringe schneiden. Erdnussöl in einer Pfanne erhitzen und darin das Gemüse und die Krabben scharf anbraten. Sojasoße, Essig und Zucker unterrühren und köcheln lassen, bis die Flüssigkeit verdampft ist. Eier in einer Schüssel schaumig schlagen, salzen, pfeffern und in die Pfanne geben. Stocken lassen und mit dem Kochlöffel zerpflücken. Den Reis dazugeben und unter Rühren erhitzen. In der Pfanne servieren und vor dem Anrichten mit Schnittlauchröllchen und Mandelblättchen bestreuen.

Kleines Nachtmenü

Kabeljau überbacken

4 Personen

4 Kabeljaufilets (es eignen sich auch andere Fischarten)
Saft von 1 Zitrone
Salz
Mehl
Butter zum Braten
Backpapier
8 Scheiben mittelalter Gouda

Filets waschen und trocken tupfen. Mit Zitronensaft beträufeln. Leicht salzen und in Portionsstücke schneiden. Fischstücke in Mehl wenden. Butter in einer Pfanne erhitzen und die Fischstücke darin von beiden Seiten goldbraun braten. Backpapier auf ein Backblech legen und die abgetropften Fische darauf verteilen, mit Käsescheiben bedecken und im vorgeheizten Backofen bei Oberhitze überbacken, bis der Käse zerläuft.

Die Gorch Fock läuft ein

Schollenfilets auf Gemüse Julienne

4 Personen

4 Schollenfilets (300 g)
Saft von 1 Zitrone
Salz
500 g Möhren
1 Bund Frühlingszwiebeln
250 g Wildreismischung
40 g Butter
Salz
weißer Pfeffer aus der Mühle
125 ml trockener Weißwein
40 g Butter
Mehl
200 g Schlagsahne
1 Pck. TK 8 Kräuter
1 Prise Salz

Schollenfilets waschen, trocken tupfen, mit Zitronensaft beträufeln und salzen. Möhren schälen, waschen und in feine Stifte schneiden. Frühlingszwiebeln putzen und in sehr feine Ringe schneiden. Möhren und Zwiebeln miteinander vermischen. Reis nach Anleitung kochen und warm stellen. Butter in einer großen Pfanne erhitzen und das Gemüse darin andünsten. Mit Salz und Pfeffer abschmecken und mit Wein ablöschen. Gemüse gleichmäßig in der Pfanne verteilen, die Schollenfilets daraufsetzen und alles bei geschlossener Pfanne und mittlerer Hitze gar ziehen lassen. Aus Butter, Mehl und Sahne eine Schwitze bereiten, mit Kräutern verfeinern und mit Salz abschmecken. Filets auf einer vorgewärmten Platte anrichten, mit Gemüse Julienne und Reis umlegen und mit der Kräutersahnesoße übergießen.

Tipp

Säubern, säuern, salzen sind die drei „s", die für die richtige Zubereitung von Fisch wichtig sind. Der Fisch wird unter fließend kaltem Wasser gesäubert und anschließend trocken getupft. Mit Zitronensaft wird er beträufelt, damit er sich nicht verfärbt und das Fischfleisch schön fest bleibt. Gesalzen wird immer erst direkt vor dem Garen. Fisch sollte so kurz wie möglich gegart werden, sonst wird er trocken und zerfällt. Außerdem verliert er an Geschmack und wichtigen Inhaltsstoffen. Fisch enthält hochwertiges Eiweiß, das besonders leicht verdaulich ist. Der Fettanteil im Fisch ist niedrig. Seefisch ist außerdem eine natürliche Jodquelle.

Vun de Waterkant

Nordseescholle mit Krabben

4 Personen

4 bratfertige Schollen
Salz
Zitronensaft
2 EL Mehl
2 Eier
Butter zum Braten
200 g Nordseekrabbenfleisch

Die Schollen waschen und trocken tupfen. Mit Salz und Zitronensaft einreiben. In Mehl und verquirltem Ei wenden und im heißen Fett von beiden Seiten goldgelb braten. Die Schollen auf vier Tellern anrichten, die Krabben darüberstreuen und alles mit dem Bratfett übergießen.

Dazu: Gurkensalat und Salzkartoffeln

Nach dem Strandgutsammeln

Geräucherte Flunder auf Weißkohl

4 Personen

1 Weißkohl (750 g)
100 g geräucherter, durchwachsener Speck
3 Gemüsezwiebeln
500 ml Fleischbrühe (Instant)
Salz
weißer Pfeffer aus der Mühle
4 geräucherte Flunderfilets (à 200 g)

Weißkohl in feine Streifen schneiden. Den Speck würfeln und in einer feuerfesten Form glasig werden lassen. Zwiebeln pellen, klein schneiden und zusammen mit dem Weißkohl zu dem Speck geben. Mit der Fleischbrühe aufgießen und mit Salz und Pfeffer würzen. Topf zudecken und alles 50 Minuten dünsten. Abschmecken. Flunderfilets darauflegen, mit Alufolie abdecken und im vorgeheizten Backofen bei 200° C auf der mittleren Schiene 10 Minuten backen. Die feuerfeste Form aus dem Ofen direkt auf den Tisch stellen.

Dazu: Salzkartoffeln

Die Leute an der Küste gehen gern am Wasser spazieren. Das Sammeln von Strandgut ist ein beliebtes Hobby, und natürlich kann man dort alles finden: von der Schiffsplanke über den Damenhut, auf dem Luxusdampfer durch eine Bö verloren gegangen, bis zum Gummistiefel eines Seemanns. Ein geschultes Auge findet auch schon mal einen Bernstein. Das Meer nimmt und gibt. Eines der schönsten Geschenke ist der Fisch. Man sollte ihn nicht gedankenlos essen.

Grand Monarchs Festtagsträume

Lachs mit Krabben in Mascarpone-Soße

4 Personen

2 Bund Petersilie
Salz
Zucker
4 EL Estragonessig
1 Zitrone, in Scheiben (unbehandelt)
4 Lachsfilets (à 200 g)
2 Fenchelknollen
2 Möhren
1 Zwiebel
125 ml trockener Weißwein
250 ml Fischfond (Glas)
3 EL Mascarpone
2 EL Zitronensaft
3 cl Bommerlunder
Salz
weißer Pfeffer aus der Mühle
200 g Nordseekrabbenfleisch
1 EL Butter

1 l Wasser mit Petersilie, Salz, Zucker, Estragonessig und Zitronenscheiben aufkochen. Den Lachs darin bei geringer Hitze 6 Minuten garen. Anschließend herausheben und warm stellen. Fenchel und Möhren putzen und in sehr feine Streifen schneiden. In kochendem Salzwasser 3 Minuten blanchieren und abgießen. Danach in 1 EL Butter schwenken. Salzen, pfeffern und warm stellen. Zwiebel fein hacken und mit dem Wein aufkochen. Fischfond zufügen und etwas einkochen lassen. Mascarpone unterrühren. Abschmecken. Die Krabben in der Soße erhitzen. Den Fisch mit dem Gemüse und der Soße auf vorgewärmten Tellern anrichten.

Dazu: Kartoffeln oder Reis

Früher war der Reichtum an edlen Fischen in unseren Gewässern natürlich viel größer als heute. Hier ein kleines Beispiel: Ein Holsteiner Graf schenkte einmal einem Lübecker Bürger einen Fischstand, der noch heute „Die Lachswehr" heißt. Hier wurden im Laufe des Jahres unglaublich viele Lachse für den Lübecker Markt gefangen. Es ist überliefert, dass Dienstboten dieser Stadt, wenn sie ihre Arbeit antraten, es zur Bedingung machten, dass nur höchstens zweimal in der Woche Lachs auf ihrem Speiseplan stand.

Strandseglers Trost

Matjestopf

4 Personen

8 Matjesfilets
500 ml Mineralwasser oder Milch
4 Zwiebeln
2 säuerliche Äpfel
2 kleine Gewürzgurken
250 g Schlagsahne
150 g Vollmilchjoghurt
1 EL Zucker
Piment, Salz, Pfeffer

Matjesfilets 2 Stunden in Milch oder Mineralwasser legen. Inzwischen die Zwiebeln pellen und in feine Streifen schneiden. Äpfel schälen, vierteln, entkernen und in dünne Scheiben schneiden. Gurken würfeln. Sahne mit dem Joghurt, dem Zucker und den Gewürzen) verrühren. Zwiebelstreifen, Apfelscheiben und Gurkenwürfel untermischen. Eventuell mit einem Schuss Gurkenwasser, Salz und Pfeffer abschmecken. Matjesfilets trocken tupfen und in breite Streifen schneiden. Mit der Sahnesoße in eine Schüssel schichten, bis zum Servieren gut durchkühlen lassen.

Dazu: Pellkartoffeln

Seemannsglück auf dem Zwischendeck

Aal in Dillsoße

4 Personen

750 g frischer Aal
(vom Fischhändler gehäutet)
Saft von 1/2 Zitrone, 4 EL Essig
Salz, Zucker
1 große Zwiebel, 1 Petersilienwurzel
1/2 Stange Porree
1 TL Pfefferkörner, 1 Lorbeerblatt
1 Kräuterbund (aus Dill und Petersilie)
30 g Butter
30 g Mehl
125 g Schlagsahne, 1 Eigelb
1 Bund Dill, gehackt

Den abgezogenen Aal in etwa 5 cm lange Stücke schneiden, mit Zitronensaft beträufeln. 125 ml Wasser mit dem Essig, je 1 Prise Salz und Zucker, der gepellten Zwiebel, der geputzten Petersilienwurzel, dem Porree, den Pfefferkörnern, dem Lorbeerblatt und dem Kräuterbund zum Kochen bringen, den Aal hineingeben und etwa 10 Minuten mehr ziehen als kochen lassen. Dann die Aalstücke mit einer Schaumkelle herausnehmen. Den Fischsud durchseihen. Aus Butter und Mehl eine Mehlschwitze herstellen, mit dem Fischsud aufgießen und 10 Minuten durchkochen lassen. Die Soße mit der Sahne und dem Eigelb legieren. Die Aalstückchen hineinlegen und in der Soße heiß werden lassen. 3/4 des Dills in die Soße rühren. Vor dem Servieren mit dem restlichen Dill bestreuen.

Dazu: Salzkartoffeln

Tipp

Gut gewürzt ist halb gesalzen! Salzen Sie nie zu stark, verwenden Sie lieber mehr Gewürze! Eine Speise ohne Würze ist wie eine Blume ohne Duft. Richtiges Würzen lässt sich nicht nach Rezept erlernen, man muss immer wieder probieren! Wichtig sind einige Grundregeln: Kräuter und Gewürze sollen den Eigengeschmack eines Fischgerichtes steigern, niemals aber übertönen oder vernichten. Frische Kräuter und gemahlene Gewürze dürfen – im Gegensatz zu getrockneten Kräutern – nicht mitkochen. Paprika nicht in heißem Fett braten. Safran nur in kleinsten Mengen verwenden. Majoran verträgt sich schlecht mit Thymian. Wie gesagt: „Gut gewürzt ist halb gesalzen!"

Ein Wort zum Matjes

Die Matjessaison beginnt im Juni, wenn die Heringslogger, von denen es leider nur noch sehr wenige gibt, mit den ersten Heringsfängen der Saison nach Hause kommen. Der Matjes (sein Name kommt aus dem Niederländischen von „Meisje" – junge Mädchen) muss seinem Namen entsprechend ein jungfräulicher Hering sein. Er wird auf See geschlachtet und gesalzen. Noch vor wenigen Jahren konnten durchaus ernsthafte Leute stundenlange Streitgespräche darüber führen, welche Matjesheringe die besseren seien, zum Beispiel die aus Glückstadt, die aus Vegesack oder die aus Holland. Diese Diskussionen haben sich erübrigt: Mangels Masse in der Ostsee bekommen wir fast nur noch Matjes aus Holland.

Hamburger Buttjes

Gemüsepfanne mit Garnelen

4 Personen

200 g Schalotten (möglichst kleine)
750 g Fleischtomaten
250 g Möhren
1 Aubergine
1 Bund Frühlingszwiebeln
40 g Butter
Salz
schwarzer Pfeffer aus der Mühle
gemahlener Koriander
1 Prise Zucker
125 ml Roséwein
8 große Garnelen, in Schale
2 EL Sonnenblumenöl
1 Bund glatte Petersilie, gehackt

Die Schalotten mit kochendem Wasser überbrühen und die Schale abziehen. Tomaten häuten, vierteln und entkernen. Möhren schälen, abspülen und in Scheiben schneiden. Aubergine längs halbieren und in Würfel schneiden. Kurz abspülen. Frühlingszwiebeln putzen, waschen und in Stücke schneiden. Die Butter in der Pfanne erhitzen, die ganzen Schalotten, Möhren und Auberginen darin andünsten. Mit Pfeffer, Salz, Koriander und Zucker würzen. Roséwein hinzufügen und alles bei geringer Hitze 20 Minuten dünsten. Garnelen aus der Schale lösen, mit einem scharfen Messer auf dem Rücken leicht einschneiden und den Darm entfernen. Abspülen und trocken tupfen. Öl in einer Pfanne erhitzen und die Garnelen darin unter Wenden 4–5 Minuten braten. Mit Pfeffer und Salz würzen. Frühlingszwiebeln und Tomaten zum Gemüse geben. Alles 10–15 Minuten weiterdünsten. Petersilie zusammen mit den Garnelen in die Gemüsepfanne geben. Nochmals abschmecken.

Kleine Fische

Kieler Sprotten

4 Personen

8 Eier
etwas Salz
schwarzer Pfeffer aus der Mühle
12 Sprotten

Aus den Eiern ein Rührei bereiten. Mit Salz und Pfeffer abschmecken. Die Sprotten auf 4 Teller legen und das Rührei dazugeben. Man kann aber die Sprotten auch schon in der Küche häuten und serviert nur die kleinen Filets.

Dazu: kräftiges Landbrot, Korn und Bier

Boßelkugeln

Fischfrikadellen

8 Stück

1 Zwiebel
750 g Kabeljaufilet
3 Eier
100 g Semmelbrösel
Salz
schwarzer Pfeffer aus der Mühle
Schale einer 1/2 Zitrone (unbehandelt)
1 Bund Dill, gehackt
Butterschmalz zum Braten

Zwiebeln pellen und in feine Ringe schneiden. Kabeljau im Gefrierschrank kurz anfrieren und sofort durch den Fleischwolf drehen. Eier und Semmelbrösel untermengen. Salzen und pfeffern. Zitronenschale und Dill untermischen. Mit angefeuchteten Händen 8 Frikadellen formen. Fett in einer Pfanne erhitzen und die Frikadellen von beiden Seiten 10-12 Minuten bei mittlerer Hitze goldbraun braten. Zwiebelringe in einer anderen Pfanne goldbraun braten und über die Frikadellen geben.

Dazu: Speckkartoffeln

Trudelbandnudeln

Meeresfrüchteragout auf Spaghetti

4 Personen

250 g Seelachsfilet
Saft von 1/2 Zitrone, Salz
500 g gemischte TK-Meeresfrüchte (Garnelen, Calamares, Miesmuscheln)
4 Knoblauchzehen, 6 EL Olivenöl
1 Dose geschälte Tomaten (400 g)
Salz, schwarzer Pfeffer aus der Mühle
350 g Spaghetti, 40 g Butter,
150 g Crème fraîche, 1 Topf Basilikum

Boßeln
Das Boßeln ist ein in Norddeutschland sehr beliebter Sport. Die Boßelkugel aus Holz, etwa tennisballgroß und mit Blei gefüllt, spielt dabei die Hauptrolle. In der Sportversion wird sie ähnlich wie ein Diskus geworfen – wer am weitesten wirft, hat gewonnen. Die zweite Version ist eine Art Gesellschaftsspiel, in dem die eine Mannschaft versucht, die andere so weit wie möglich zurückzutreiben. Die Kugel wird gerollt wie beim Kegeln. Meine Fischfrikadellen sollen natürlich den bleigefüllten Kugeln nur optisch ähneln; vielmehr ist gemeint, dass dieses Gericht den Boßlern die gewünschte Wurfkraft verleihen soll.

Seelachsfilet waschen, trocken tupfen und in mundgerechte Stücke schneiden. Mit Zitronensaft beträufeln. Leicht salzen. Meeresfrüchte in einem Sieb auftauen und abtropfen lassen. Knoblauchzehen pellen und ganz lassen. Olivenöl in einer Pfanne erhitzen und die Knoblauchzehen darin bei mittlerer Hitze dünsten – sie dürfen nicht schwarz werden, sonst werden sie bitter. Die Zehen aus dem Öl entfernen. Die Seelachswürfel und die Meeresfrüchte bei starker Hitze in dem Öl braten und ständig wenden. Abgetropfte Tomaten hinzugeben und mit einem Holzlöffel am Pfannenrand zerdrücken. Mit Salz und Pfeffer abschmecken. Das Ragout bei leichter Hitze 10 Minuten köcheln lassen. In der Zwischenzeit die Spaghetti in kochendem Salzwasser bissfest kochen. In ein Sieb abgießen. Butter in einer großen Pfanne erhitzen, Spaghetti hineingeben und von unten knusprig braten, ohne sie umzurühren. Das Meeresfrüchteragout darübergießen und mit einem Löffel Crème fraîche veredeln. Mit gehacktem Basilikum bestreut in der Pfanne servieren.

Lass fallen Anker

Steinbutt mit Gemüse

4 Personen

4 Steinbuttfilets
Saft von 1 Zitrone, Salz
2 EL Mehl, 40 g Butter
2 EL Öl, 2 Zwiebeln, gehackt
2 Knoblauchzehen, gepresst
1 grüne Paprikaschote, gewürfelt
250 g gehäutete Tomaten, gewürfelt
Salz, weißer Pfeffer aus der Mühle
je 1 Messerspitze Safran- und Nelkenpuder, 1 EL Zitronensaft
1 Glas trockener Weißwein
1 Bund Petersilie, gehackt

Fischfilets abspülen, trocken tupfen. Säuern, salzen und in Mehl wenden. Butter und Öl in einer Pfanne erhitzen und die Filets auf jeder Seite 2 Minuten anbraten, danach warm stellen. Zwiebelwürfel im Bratensatz anrösten, Knoblauch und Paprikawürfel ebenfalls dazugeben. Mit Salz, Pfeffer, Safran- und Nelkenpuder Würzen. Wein und Zitronensaft angießen, die Filets wieder in die Pfanne legen und 10 Minuten dünsten. Steinbutt auf einer vorgewärmten Platte anrichten, Gemüse-Weißwein-Fond darüber gießen, mit Petersilie überstreuen.

Heiße Ware

Feurige Flusskrebse

4 Personen

6 Knoblauchzehen
2 Zweige Rosmarin
6 EL Olivenöl
Salz
1 TL Chiliflocken
600 g Flusskrebsfleisch

Dipp:
200 g Kräuterfrischkäse
5 EL Milch
1 Zwiebel
2 EL Weißweinessig
Salz
schwarzer Pfeffer aus der Mühle
1 Prise Zucker

Knoblauchzehen pellen und fein würfeln. Rosmarinstiele waschen, die Nadeln vom Stiel zupfen und hacken. Olivenöl in eine Schüssel füllen. Knoblauch, Rosmarin, Salz und Chiliflocken unterrühren. Flusskrebsfleisch in die Marinade geben, abgedeckt 2 Stunden kalt stellen. Für den Dipp den Frischkäse und die Milch mit einem Schneebesen verrühren. Zwiebel pellen und fein hacken, zu dem Dipp geben und mit Weißweinessig, Salz, Pfeffer und Zucker würzen. Eine große Pfanne erhitzen, das Flusskrebsfleisch mit Marinade in die Pfanne geben und bei großer Hitze rund 5 Minuten braten.

Dazu: Baguette und Salat

Ringelpiez auf dem Kiez

Finkenwerder Ewerscholle

4 Personen

200 g durchwachsener, geräucherter Speck
8 EL Butter
4 frische Schollen, küchenfertig
Salz
Saft von 1 Zitrone
8 EL Mehl
1 Zitrone in Scheiben

Den Speck fein würfeln. In einer großen Pfanne die Butter erhitzen, die Speckwürfel darin auslassen, dann mit einer Schaumkelle aus der Pfanne nehmen und beiseite stellen. In der Zwischenzeit die ausgenommenen und gewaschenen Schollen salzen, mit Zitronensaft beträufeln und in Mehl wenden. In dem Gemisch aus Butter und Speckfett nacheinander alle Schollen von jeder Seite goldbraun braten, fertige Schollen warm stellen. Auf vorgewärmte Teller legen, mit der hellen Seite nach oben. Den Speck in der Pfanne erhitzen und auf die Schollen geben. Zitronenscheiben und einen säuerlich angemachten Kartoffelsalat dazu reichen.

Finkenwerder
Finkenwerder ist eine größere Elbinsel südlich von Hamburg. Die Einwohner der Insel, die seit langem zu Hamburg gehört, sprechen nach wie vor ihr eigenes Platt und sind schon immer Elbfischer gewesen. Als die Fische in der Elbe knapp wurden, vergrößerten die Finkenwerder ihre offenen Ewer zu seetüchtigen Fischerbooten und fischten damit in der Nordsee. Finkenwerder Fischer waren es, die Hamburg mit frischen Fischen versorgten, besonders mit lebenden Schollen.

Tüdelbüdels Zampelbüdel

Miesmuscheln in Weinsud

4 Personen

1 Zwiebel, 1 Bund Suppengemüse
100 g Butter
500 ml Weißwein
1 Bund Petersilie, gehackt
einige Pfefferkörner
2-3 EL Zitronensaft
Salz, schwarzer Pfeffer aus der Mühle
3 kg Miesmuscheln

Zwiebeln pellen und in Ringe schneiden. Suppengemüse putzen, waschen und klein schneiden. Butter in einem großen Topf erhitzen, die Zwiebeln und das Gemüse darin 10 Minuten dünsten. Restliche Zutaten zugeben und aufkochen. Muscheln zufügen, zugedeckt ca. 6 Minuten kochen, bis sie sich öffnen. Dabei den Topf ab und zu rütteln. Muscheln herausheben – geschlossene Muscheln wegwerfen. Sud dazu servieren.

Dazu: Baguette

Tipp

Eine alte Küchenregel sagt, dass man Muscheln nur in den Monaten mit „r" zubereiten sollte – also von September bis April.

Ut Pott un Pann

Matjes mit grünen Bohnen und Speckstippe

4 Personen

1 1/2 kg Kartoffeln
1 kg grüne Bohnen
4 Zwiebeln
250 g durchwachsener, geräucherter Speck
12 Matjesfilets
250 ml Milch
reichlich Eiswürfel
1 Bund Petersilie, gehackt

Die ungeschälten Kartoffeln waschen und als Pellkartoffeln kochen. Bohnen putzen, waschen und in Salzwasser bissfest kochen. Inzwischen die Zwiebeln pellen und in Ringe schneiden. Den Speck würfeln und in einer Pfanne knusprig ausbraten. Die Matjesfilets über Nacht in Milch legen, anschließend abtupfen. Die Eiswürfel auf eine Platte legen, die Matjesfilets darauf anrichten und mit den Zwiebelringen belegen. Die grünen Bohnen mit Petersilie bestreuen und extra reichen. Die gepellten Kartoffeln in einer Schüssel anrichten und mit der Specksoße und den Speckwürfeln begießen.

Tipp

Matjesfilets sollten vor der Verarbeitung immer eine Stunde, lieber aber über Nacht, in Milch oder Buttermilch gelegt werden. Sie werden dadurch schön mild und doppelt zart. Wasser nimmt ihnen nicht nur das Salz, sondern auch das Fett.

Aus Smutjes Speiseplan

Gebratene grüne Heringe

4 Personen

8 mittelgroße grüne Heringe (küchenfertig)
Salz
8 TL frische, gehackte Kräuter (Petersilie, Basilikum und/oder Estragon)
2 EL Öl
100 g Butter
Zitronenscheiben zum Garnieren

Heringe abspülen und trocken tupfen. Innen und außen salzen. In das Innere eines jeden Herings die Kräuter geben. Eine große Pfanne zuerst ohne Fett erhitzen. Das Öl hineingießen und heiß werden lassen. Butter hinzufügen und erhitzen. Heringe hineinlegen und bei mittlerer Hitze auf beiden Seiten bräunen. Beim Wenden aufpassen, dass die Heringe nicht zerfallen. Am besten einen Pfannenwender nehmen, der sich unter den ganzen Hering schieben lässt. Heringe auf einer möglichst vorgewärmten Platte anrichten, den Bratensaft darübergießen und mit Zitronenscheiben garnieren.

Dazu: Salzkartoffeln

Schleusenwärters Neujahrsgruß

Hamburger Heringssalat

8-10 Personen

6 Matjesfilets
125 ml Milch
250 g Schweinefleisch, mager
1250 g Kalbfleisch
Salz
40 g Butter
250 g Kartoffeln, 250 g Rote Bete
250 g Sellerie, 3 saure Äpfel
5 Eier, hart gekocht
4 Bismarckheringe
4 Gewürzgurken, 1 Röhrchen Kapern
2 Bund Petersilie, gehackt
4 EL Essig, 4 EL Öl
1 EL Senf, scharf
schwarzer Pfeffer aus der Mühle, Zucker

Die Matjesfilets abspülen und in einer Schüssel Milch und 250 ml Wasser über Nacht stehen lassen. Das Schweine- und Kalbfleisch leicht salzen. Die Butter in einem Topf erhitzen, das Fleisch darin rundherum anbraten, dann mit 250 ml heißem Wasser ablöschen. Das Fleisch auf kleiner Hitze 45 Minuten schmoren und anschließend im Schmortopf abkühlen lassen. Kartoffeln, Rote Bete und Sellerie waschen, in etwa 30 Minuten getrennt garen und dann schälen. Die Äpfel schälen, vierteln und entkernen. Eier pellen. Bismarckheringe häuten. Matjesfilets, Bismarckheringe, Rote Bete, Sellerie, Äpfel, Eier und die Gewürzgurken in $1/2$ cm große Würfel schneiden. Die abgetropften Kapern und die Petersilie hacken. Alles in einer Steingutschüssel miteinander vermischen.

Für die Marinade 8 EL Schmorsaft, Essig, Öl und Senf verrühren. Mit Salz, Pfeffer und Zucker pikant abschmecken. Die Marinade über die Zutaten gießen und mindestens 2 Stunden vor dem Servieren durchziehen lassen. Den Salat vor dem Anrichten noch einmal durchheben. Mit kräftigem Landbrot servieren.

Eine alte Tradition in Hamburg ist, diesen Salat zwischen Weihnachten und Neujahr zu reichen, da man nach viel Genuss all der süßen Sachen Appetit auf etwas Herzhaftes hat.
Neujahrsfeiern laufen eigentlich immer ziemlich ähnlich ab. Dieses Standardrituals überdrüssig, beschlossen wir, einmal etwas ganz anderes zu machen. Wir hatten die Idee, direkt an der Nordsee in das neue Jahr hineinzuwandern: nur unsere kleine Familie – und unsere beiden Hunde sollten auch einmal zu ihrem Recht kommen. Mit Taschenlampen und Champagner ausgerüstet, fuhren wir auf die Sandbank von Sankt Peter-Ording. Bei Temperaturen um den Gefrierpunkt wanderten wir dem Meer und der steifen Brise entgegen. Gegen Mitternacht kamen wir an der Schleuse von Ehstensiel an. Dort wird das Entwässerungssystem der Halbinsel Eiderstedt geregelt. In unmittelbarer Nachbarschaft dieses großen Schleusenwerkes stehen die beiden Häuser der Schleusenwärter, die dies alles überwachen. Wir standen also auf dem Deich, leicht fröstelnd, und wollten gerade mit unserem naturgekühlten Champagner anstoßen, als wir die Stimme des einen Schleusenwärters hörten: „Hallo, noch nicht, ich gebe euch die genaue Uhrzeit!" Es entspann sich ein witziger Wortwechsel, bis es endlich so weit war und wir mit dem Schleusenwärter auf das neue Jahr anstießen, gefolgt von einem Feuerwerk aus seinem Vorgarten. Also gar nicht so verschlossen und unnahbar, wie es den Küstenmenschen immer nachgesagt wird. Ihm sei dieser kleine Imbiss gewidmet – Schleusenwärters Neujahrsgruß.

Schätze der Nordmeere

Rotbarsch in Sesamkruste

4 Personen

100 g Mischpilze (Glas)
600 g Rotbarschfilet
Salz
schwarzer Pfeffer aus der Mühle
4 EL Mehl
100 g Semmelbrösel
2 EL Sesam
2 Eier
3 EL Öl
1 TL Kurkuma
1/2 TL gemahlener Kreuzkümmel
250 g Reis
2 Zwiebeln
1 rote Paprikaschote
100 g Bambusschösslinge, in Streifen
Saft und Schale von 1 Zitrone (unbehandelt)
4 EL Sojasoße
4 EL Butterschmalz

Pilze auf einem Sieb gut abtropfen lassen. Pilzwasser auffangen. Fisch waschen und trocken tupfen. Salzen, pfeffern und in Mehl wenden. Semmelbrösel mit Sesam vermischen. Eier verquirlen. Fischfilet zuerst in Ei, dann in der Panade wenden. Öl in einem Topf erhitzen, Kurkuma und Kreuzkümmel einstreuen, Reis darin wenden, mit 500 ml Wasser aufgießen. Bei mittlerer Hitze gar kochen. Zwiebeln pellen, halbieren und in dünne Scheiben schneiden. Paprika putzen und in Streifen schneiden. Bambussprossen und Pilze in Scheiben schneiden. Öl in einer Pfanne erhitzen, Zwiebeln und Paprika darin anbraten, anschließend Bambusschösslinge und Pilze andünsten. Zitrone schälen, die Schale in feine Streifen schneiden und hinzugeben. Mit Zitronensaft und etwas Pilzwasser ablöschen. Mit Sojasoße abschmecken. Butterschmalz in einer zweiten Pfanne erhitzen und darin den Fisch von jeder Seite 5 Minuten knusprig braten. Fisch zusammen mit dem Gemüse und Reis auf einer vorgewärmten Platte servieren.

Fisch fürs Herz

Wussten Sie eigentlich schon, dass fischreiche Nahrung für Ihre Gesundheit eine Schutzwirkung hat? Eskimos (heute Inuit genannt) essen beispielsweise durchschnittlich 400 g Fisch pro Tag, und Reihenuntersuchungen haben ergeben, dass sie eine weitaus geringere Herzinfarktrate haben als Bewohner von Binnenländern. Das liegt an den ungesättigten Fettsäuren! Ein Fischesser ist sogar noch ungefährdeter als ein Vegetarier, denn Fisch hat einen kreislaufschützenden Effekt. Er verbessert die Blutwerte und hält den Cholesterinspiegel niedrig. Also ist der Fisch auf dieser Seite ein Schatz im doppelten Sinne.

Fleisch für Fischköppe

LAND IN SICHT

Fleisch und andere Leckereien

Speckfette Arfken

Graue Erbsen mit Speck

4 Personen

500 g getrocknete graue Erbsen
Salz
400 g entsteinte Trockenpflaumen
1 Zimtstange
1 EL Zucker
Schale von 1 Zitrone (unbehandelt)
etwas Speisestärke
175 g durchwachsener Speck
2 Zwiebeln
100 g Butter

Die Erbsen über Nacht in 1 ½ l Wasser einweichen. Am nächsten Tag mit dem Einweichwasser zum Kochen bringen. Leicht salzen und bei geringer Hitze ca. 1 ½ Stunden garen. Die Erbsen dürfen nicht breiig werden. Das Wasser sollte verkocht sein. Überschüssiges Wasser abgießen. Trockenpflaumen mit der Zimtstange und der Zitronenschale in ½ l gezuckertem Wasser weich köcheln, anschließend Zimtstange und Zitronenschale herausnehmen. Mit etwas Speisestärke binden. Speck würfeln und in der Pfanne auslassen. Zwiebeln pellen, in Ringe schneiden und in Butter knusprig braten. Alles getrennt in Schüsseln anrichten.

Nach dem Biikebrennen

Grünkohl nach Holsteiner Art

6 Personen

3 kg Grünkohl
Salz
250 g Zwiebeln
300 g Schweineschmalz
600 g Schweinebacke
600 g Kasseler mit Knochen
6 Kochwürste
1 kg kleine Kartoffeln
Butterschmalz
Salz
2 EL Zucker

Grünkohl in einem großen Behälter mehrmals waschen, abtropfen lassen, von den Stielen zupfen und in reichlich Salzwasser blanchieren. Abtropfen lassen und klein hacken. Zwiebeln pellen und würfeln. Schweineschmalz erhitzen und die Zwiebeln darin glasig dünsten. Grünkohl darin wenden, mit Salz würzen und mit 1 l Wasser aufgießen. 2 Stunden bei geringer Hitze zugedeckt schmoren. Schweinebacke und Kasseler 1 Stunde, Kochwürste ½ Stunde auf dem Kohl garen. Kartoffeln kochen, abgießen, pellen und abkühlen lassen, am besten am Vortag. Butterschmalz in der Pfanne erhitzen. Kartoffeln unter häufigem Wenden goldbraun braten, mit Zucker bestreuen und karamellisieren lassen. Fleisch vom Knochen lösen. Kasseler und Schweinebacke in Scheiben schneiden und mit den Würstchen auf dem Kohl anrichten. Zuckerkartoffeln dazu servieren.

Dazu: nach Belieben Salzkartoffeln

Biikebrennen
Das Biikebrennen ist ein alter Brauch der friesischen Seeleute. Jedes Jahr am 21. Februar wurden an den Küsten große Feuer entzündet zur Verabschiedung der Seefahrer am 22. Februar, dem Petritag. Heute lebt der Brauch weiter, und viele Gäste von fern und nah finden sich an diesen Feuerstellen ein, um an dem Volksfest teilzunehmen. Neben allerlei Wärmendem, dem Feuer und heißen Getränken, gehört das traditionelle Grünkohlessen einfach dazu.

Für Holsteiner Dickschädel

Dithmarscher Mehlbeutel

4 Personen

1 l Milch
100 g Grieß, 17 Zwiebacke
7 Eier
100 g Mehl, 3 EL Paniermehl
Salz
1 EL Butter
15 Scheiben durchwachsener Speck, dünn geschnitten

Aus Milch und Grieß einen Grießbrei herstellen, etwas abkühlen lassen. Die Zwiebacke mit dem Nudelholz zerbröseln. Die Eier trennen. Das Eigelb mit den Zwiebackbröseln und dem Mehl unter den Brei rühren. Mit Salz abschmecken. Das steif geschlagene Eiweiß unterheben. Die Mehlbeutelform mit Butter ausfetten und mit Paniermehl bestreuen. Anschließend die Form mit den Speckscheiben auslegen, die Mehlbeutelmasse dazugeben und ins Wasserbad stellen. Wenn das Wasser wieder kocht, rechnet man 1 ½ Stunden Garzeit. Anschließend Mehlbeutel aus der Form stürzen und in Scheiben schneiden.

Dazu: Fliederbeer- oder Kirschsoße

Tipp

Traditionell wird der Mehlbeutel in Schleswig-Holstein in einem Tuch gekocht. Ich habe mit der Form sehr gute Erfahrungen gemacht, außerdem kann man in ihr auch einen Kohlpudding zubereiten. Reste vom Mehlbeutel schmecken am nächsten Tag als Schmarren in der Pfanne gebraten und mit Zucker und Zimt bestreut ganz köstlich. Für den Dithmarscher Mehlbeutel, der in Schleswig-Holstein auch „Großer Hans" heißt, gibt es viele Rezepte: einmal die obige Standardzubereitung für den täglichen Mittagstisch. Das ist der sogenannte „Weiße Mehlbeutel". Dann gibt's für Geburtstage und andere Feste noch die Luxusausführung, nämlich den „Bunten Mehlbeutel", der sich vom Weißen durch mehr Zutaten unterscheidet: In den Teig kommen entschieden mehr Eier und außerdem noch Rosinen und Korinthen. Schließlich gibt es noch den „Schwarzen Mehlbeutel", zubereitet mit Blut.

Brahms' Ausflug aufs Land

Johannes Brahms wuchs in der schleswig-holsteinischen Kreisstadt Heide auf, bevor seine Familie nach Hamburg zog. Nach Jahrzehnten stattete er seiner alten Heimat einen Besuch ab und fuhr auch nach Husum, weil es Frühling war und er die Pracht der hunderttausend Krokusse erleben wollte. Er schritt also genießerisch durch den Schlosspark, als er einen Ruf hörte: „Hallo, Sie da, runter vom Rasen!" Brahms sagte jovial: „Sie haben ja recht, aber ist das eine höfliche Form, mich anzusprechen? Wissen Sie denn nicht, wer ich bin?" „ Jaja", sagte der Parkwächter, „Sie sind der Kaiser von China, aber runter vom Rasen müssen Sie trotzdem." Nach einem kurzen Gespräch, das sich anschloss, sagte der Parkwächter: „Sag mal, ich kenn dich doch! Bist du nicht der Johannes Brahms? Ich bin der Klaus Petersen, wir sind doch zusammen in Heide in die Schule gegangen, haben sogar einmal auf derselben Bank gesessen!" Brahms entsann sich dunkel. Da rief der Parkwächter aus: „Mensch, sag doch bloß mal, Johannes, was hast du die ganzen Jahre so getrieben?"

Keen Tied

Bauernfrühstück

4 Personen

750 g Kartoffeln (festkochend)
150 g durchwachsener, geräucherter Speck
6 Eier, 3 EL Mineralwasser
Salz, schwarzer Pfeffer aus der Mühle
100 g Butterschmalz
4-5 kleine Gewürzgurken
1 Bund Schnittlauch, in Röllchen geschnitten

Kartoffeln mit Schale kochen, abgießen und heiß pellen. Abkühlen lassen und in Scheiben schneiden. Speck würfeln. Eier mit dem Mineralwasser verrühren. Salzen und pfeffern. Speckwürfel in einer großen Pfanne knusprig ausbraten. Aus der Pfanne nehmen und beiseite stellen. 50 g Butterschmalz zum Speckfett geben und die Kartoffeln darin goldgelb braten. Mit Salz und Pfeffer würzen. Speckwürfel daruntermischen. Eier darauf verteilen. Wenn das Ei gestockt und auf der Unterseite goldbraun gebraten ist, das Bauernfrühstück auf eine vorgewärmte Platte stürzen. Gewürzgurken längs vierteln und um das Bauernfrühstück legen. Mit Schnittlauchröllchen bestreuen.

Bordgericht auf langem Törn

Labskaus

4 Personen

750 g gepökeltes Rindfleisch
750-1000 g Kartoffeln
500 g Rote Bete
4 Zwiebeln
schwarzer Pfeffer aus der Mühle
500 ml Essig
1 1/2 TL Meerrettich, fein gewürfelt
Salz
Zucker
5 Gewürzgurken
8 Matjesfilets
2 Äpfel
4 Eier

Labskaus sollte man am Tag zuvor zubereiten. Aufgewärmt schmeckt es am besten. Das Pökelfleisch in reichlich Wasser in etwa 1 1/2 Stunden weich kochen. Gleichzeitig die Kartoffeln kochen. Die Rote Bete in Salzwasser etwa 1 1/2 Stunden garen. Fleisch, Kartoffeln und drei Zwiebeln durch den Fleischwolf drehen. Alles gut miteinander mischen, pfeffern und mit Pökelbrühe geschmeidig rühren. Danach das Labskaus bis zum nächsten Tag kalt stellen. Eine Salatsoße aus je 1/2 l Essig und Wasser, der restlichen gewürfelten Zwiebel, dem fein gewürfelten Meerrettich, Salz und Zucker nach Geschmack zubereiten. Die Soße über die noch lauwarme, in Scheiben geschnittene Rote Bete geben, dann kalt stellen. Am nächsten Tag eine gewürfelte Gewürzgurke in das Labskaus rühren. Alles erhitzen. Die Matjesfilets mit Apfel- und Zwiebelscheiben belegen, aufrollen und mit Stäbchen zusammenhalten. Das Labskaus auf vorgewärmte Teller füllen und mit Roter Bete, den restlichen Gurken, Matjes und Spiegeleiern garnieren.

An der Küste gibt es so viele verschiedene Labskaus-Rezepte, wie es Seemannsfrauen und Schiffsköche gibt. In Skandinavien gibt es nicht nur die verschiedensten Labskaus-Zubereitungen, sondern auch noch eine Trennung zwischen dem Labskaus für den Kapitän und dem für die Mannschaft.

Stärkung nach dem Landgang

Rücken vom Salzwiesenlamm

6 Personen

2 Salzwiesenlammrücken (à 1 kg)
Salz
schwarzer Pfeffer aus der Mühle
100 g Schalotten
100 g Sellerie
100 g Champignons
30 g Butter
2 Lorbeerblätter
1 Zweig Thymian
1 Zweig Rosmarin
2 Knoblauchzehen
500 g Lammknochen
(in Stücke geschnitten)

Soße:
3/4 l Kalbsfond (Glas)
50 g eiskalte Butter

Die Fettschicht vom Lammrücken mit einem scharfen Messer rautenförmig einritzen. Von allen Seiten salzen und pfeffern. Mit der Fettseite nach unten in einen großen Bräter legen. Im vorgeheizten Backofen bei 250° C 10 Minuten braten. Schalotten pellen, Sellerie schälen, Champignons säubern und alles würfeln. Die Lammrücken aus dem Bräter nehmen. Butter in den Bräter geben. Gemüse, Kräuter, die ungeschälten Knoblauchzehen und die Knochen darin wenden. Die Lammrücken mit der Fettseite nach oben darauflegen. Weitere 10 Minuten braten. Die Rücken herausnehmen, in Alufolie wickeln und ruhen lassen. Den Bratfond auf dem Herd kräftig bräunen, mit einem Schuss Kalbsfond ablöschen und einkochen lassen, bis sich Röststoffe bilden. Zum Schluss den restlichen Kalbsfond dazugießen, einmal aufkochen lassen. Danach durch ein Sieb gießen. Soße mit eiskalter Butter binden. Abschmecken. Rückenfleisch vom Knochen lösen und schräg in Scheiben schneiden. Auf einer Platte anrichten und die Soße extra reichen.

Dazu: Salzkartoffeln und grüne Bohnen

Flintenpedder

Klopfschinken

4 Personen

4 Scheiben Holsteiner Katenschinken
(à 1/2 cm Dicke)
Milch zum Einlegen
frisch geriebene Muskatnuss

Teig:
100 g Mehl
3 Eier
Salz
schwarzer Pfeffer aus der Mühle
50 ml Milch
Fett zum Braten

Schinkenscheiben flach klopfen. Milch mit Muskat verrühren und den Schinken darin einige Stunden einlegen. Aus Mehl, Eiern, Salz und Milch einen dicklichen Backteig rühren. Pfeffern und ausquellen lassen. Schinken aus der Milch nehmen, auf Küchenpapier abtropfen lassen. Schinken durch den Teig ziehen. Fett in der Pfanne erhitzen und den Schinken darin von beiden Seiten goldbraun braten.

Dazu: Zitronenkartoffeln, Frühlingsgemüse mit viel Petersilie

Mecklenburger Rippenbraten

Gefüllte Schmorrippe

4 Personen

250 g Backpflaumen, ohne Stein
2 kg gepökelte Schmorrippe, vom Schlachter eine Tasche hineinschneiden lassen
4 säuerliche Äpfel
2-3 EL Semmelbrösel
Küchengarn zum Zusammenbinden
Salz
schwarzer Pfeffer aus der Mühle
Schweineschmalz zum Braten
3/4 l Fleischbrühe (Instant)
1 Zimtstange
1 Lorbeerblatt
30 g Mehl

Backpflaumen über Nacht in Wasser einweichen. Äpfel vierteln, entkernen und in Würfel schneiden. Backpflaumen gut abtropfen lassen und ebenfalls würfeln. Äpfel und Pflaumen mit den Semmelbröseln vermischen. Das Rippenstück mit der Masse ganz stramm füllen. Mit dem Küchengarn zusammenbinden. Anschließend mit Salz und Pfeffer einreiben. Schmalz in einem großen Schmortopf erhitzen und die Rippe darin von beiden Seiten anbraten. Wenn sich Röststoffe bilden, etwas Brühe angießen, Zimtstange und Lorbeerblatt dazugeben und zugedeckt im vorgeheizten Backofen bei 225° C etwa 2 Stunden schmoren. Braten aus dem Topf nehmen, in Alufolie wickeln und ruhen lassen. Mehl im Bratfond goldgelb anschwitzen und mit der restlichen Brühe ablöschen. 10 Minuten leise köcheln lassen. Zimtstange und Lorbeerblatt entfernen. Abschmecken. Küchengarn abwickeln. Braten in Scheiben schneiden, auf einer großen Platte anrichten und die Soße getrennt dazureichen.

Dazu: Salzkartoffeln

Tipp

Wenn Ihr Schmortopf nicht groß genug ist, die Rippe auf eine Saftpfanne legen und mit Alufolie abdecken.

Schnüsch

Gemüsemix

6-8 Personen

300 g grüne Bohnen
300 g enthüllte große Bohnen
3 TL Salz
300 g Möhren, 300 g junge Kartoffeln
300 g enthüllte junge Erbsen
250 ml Milch, 2 EL Butter
1 Bund glatte Petersilie, gehackt
4 Scheiben Katenschinken (à 100 g)

Grüne Bohnen putzen und in 3 cm lange Stücke schneiden oder brechen. Grüne und große Bohnen in 750 ml kochendes Wasser geben. 1 1/2 TL Salz zufügen, dann zugedeckt auf schwacher Hitze leise sieden lassen. Inzwischen Möhren und Kartoffeln schälen, waschen und in Scheiben schneiden, nach 10 Minuten zu den Bohnen geben. Erbsen waschen und nach weiteren 10 Minuten zugeben. Das Gemüse noch 10 Minuten kochen, dann abgießen und in einer vorgewärmten Terrine warm stellen. Milch, Butter, 1 1/2 TL Salz und Petersilie aufkochen, danach über das Gemüse gießen. Schnüsch muss richtig heiß serviert werden. Man isst ihn aus tiefen Tellern und mit Suppenlöffeln. Der Katenschinken wird auf einem Brett angerichtet und dazu gegessen.

Gröner Heini

Birnen, Bohnen und Speck

4 Personen

375 g durchwachsener, geräucherter Speck oder geräucherte Schweinebacke
750 g grüne Bohnen
750 g Kartoffeln
2 Zweige Bohnenkraut
750 g Augustbirnen (Bergamottebirnen)
Salz
weißer Pfeffer aus der Mühle
1 EL Petersilie, gehackt

Speck oder Schweinebacke in $1/2$ l Wasser zum Kochen bringen, zugedeckt und bei schwacher Hitze 1 Stunde garen. Inzwischen die Bohnen putzen, waschen und in etwa 3 cm lange Stücke brechen. Kartoffeln schälen, waschen und in Scheiben schneiden. Mit den Bohnen zum Speck geben, Bohnenkraut darüberlegen. Ungeschälte Birnen in den letzten 20 Minuten auf die Bohnen legen. Dann den Speck herausnehmen, in Scheiben schneiden. Bohnen und Kartoffeln mit Salz, Pfeffer und Petersilie abschmecken. Alles zusammen anrichten. Zum Essen Senf reichen.

Tipp

Um die Flüssigkeit etwas sämiger zu machen, 250 g der gekochten Birnen entkernen, mit dem Pürierstab pürieren, zurück in den Topf geben und unterheben.

Dieses norddeutsche Traditionsgericht schmeckt viel „normaler", als es sich anhört. Die kleinen Augustbirnen sind nämlich nicht süß und kein bisschen fruchtig. Deshalb vertragen sie sich ausgezeichnet mit den Bohnen und dem Speck. Die volkstümliche norddeutsche Küche hat eine Vorliebe für süßsaure Gerichte, Mischungen von Fisch und Fleisch oder von Geräuchertem mit Dörrobst. Speisen, die bei Fremden leicht einen gewissen Argwohn wecken, der jedoch meist rasch verfliegt.

Achtern Diek

Marinierter Fasan

6 Personen

4 Schalotten
1 Bund Petersilie, 2 Bund Rosmarin
Cayennepfeffer
8 EL Olivenöl
2 einjährige Fasane, küchenfertig
Butter
Salz, 1 Tasse Hühnerbrühe (Instant)
Crème double

Die Schalotten pellen, in Scheiben schneiden und mit der gezupften Petersilie und 1 Bund Rosmarin in der Küchenmaschine zerkleinern. Die Mischung mit Cayennepfeffer würzen und mit Olivenöl vermengen. Die Fasane mit dieser Trockenmarinade einreiben, 48 Stunden ziehen lassen und von Zeit zu Zeit mit der abgetropften Marinade übergießen. Die Marinade abwischen. Fasane halbieren und mit der Hautseite nach oben in einen Bräter legen, mit zerlassener Butter übergießen und salzen. Einige Rosmarinstängel dazugeben und etwa 30 Minuten im Ofen braten. Dann die Brühe dazugießen und weitere 30 Minuten braten. Die Fasanenhälften nochmals teilen und die Soße mit Crème double abschmecken.

Hol di stief

Sauerfleisch

4-6 Personen

2 Zwiebeln
2 Möhren
1 Stange Porree
Salz
2 Lorbeerblätter
1 EL weiße Pfefferkörner
1 1/4 kg Schweinenacken mit Knochen
15 Blatt weiße Gelatine
1/4 l Weißweinessig
2 EL Zitronensaft
4 EL Zucker
2 Gewürzgurken

Zwiebeln pellen und vierteln. Möhren schälen und im Stück lassen. Porree putzen, waschen und grob in Ringe schneiden. Alles in 2 l Salzwasser zusammen mit den Lorbeerblättern und den Pfefferkörnern zum Kochen bringen. Schweinenacken hineingeben und etwa 30 Minuten gar ziehen lassen. Fleisch aus dem Sud nehmen und abkühlen lassen. Gelatine in kaltem Wasser einweichen. Sud durch ein Sieb gießen. 3/4 l davon abmessen und kalt stellen. Das sich gebildete Fett abheben. Den Essig in den Sud rühren. Mit Zitronensaft, Salz und Zucker kräftig abschmecken. Gelatine tropfnass in einem kleinen Topf bei geringer Hitze auflösen und unter Rühren zum Sud geben. Gewürzgurken in Scheiben schneiden und in eine flache Schüssel legen. Möhren in Scheiben schneiden und ebenfalls in der Form anrichten. Mit etwas Sülzfond begießen, im Kühlschrank fest werden lassen und später zum Sauerfleisch reichen. Schweinenacken vom Knochen lösen, in Stücke schneiden und in eine zweite Glasschüssel legen. Mit dem restlichen Sülzfond begießen und ebenfalls im Kühlschrank fest werden lassen.

Dazu: knusprig gebratene Bratkartoffeln

Wüssten Sie, was gemeint ist, wenn ein Hamburger Ihnen beim Abschied zuruft: „Hol di!" – wenn Sie nicht gerade selbst Hamburger sind? Es ist die Kurzform von „Hol di stief", hochdeutsch: „Halt dich steif." Alles klar? Wahrscheinlich nicht! Es bedeutet so viel wie: „Halt dich gerade, lass dich nicht hängen", kurzum: „Mach's gut!"

Roll-on-roll-off

Kohlrouladen

4 Personen

1 Weißkohl
Salz
2 Zwiebeln
250 g Champignons
60 g Butterschmalz
200 g Mett
2 Eier
Salz
schwarzer Pfeffer aus der Mühle
frisch geriebene Muskatnuss
8 dünne Scheiben durchwachsener, geräucherter Speck
250 g Schlagsahne

Kohlstrunk möglichst tief herausschneiden. Kohl in Salzwasser blanchieren, bis sich die Kohlblätter ablösen lassen. Blattrippen herausschneiden. Jeweils 2 Blätter aufeinander legen. Vom restlichen Kohl 250 g fein hacken. 1 Zwiebel pellen und würfeln. Pilze säubern und fein würfeln. Zwiebelwürfel in 30 g Butterschmalz glasig andünsten. Champignons dazugeben und mitschmoren. Zusammen mit dem gehackten Kohl zum Mett geben und mit den Eiern zu einem Teig verarbeiten. Mit Salz, Pfeffer und Muskat abschmecken. Füllung auf die Kohlblätter geben und aufrollen. Mit den Speckscheiben umwickeln und mit einem Holzspießchen feststecken. Restliches Butterschmalz in einem Bräter erhitzen und die Kohlrouladen darin ringsherum anbraten. Die zweite Zwiebel pellen, grob hacken und drum herum verteilen. Zugedeckt bei milder Hitze eine gute Stunde schmoren lassen. Bei Bedarf etwas Blanchierwasser zugießen. Rouladen aus dem Bratfond nehmen und warm stellen. Zwiebel im Bratfond mit dem Pürierstab pürieren, Schlagsahne dazugeben und etwas einkochen lassen. Kohlrouladen in die Soße zurückgeben und erwärmen.

Dazu: Salzkartoffeln

Meine aufgerollten Kohlrouladen haben mich an die runden Dinger im Hafen erinnert. Auf ihnen werden Container auf das Schiff oder vom Schiff gerollt. Das Ganze geht schneller als früher und nennt sich „Roll-on-roll-off-System".

Ofenkater

Birnen im Teig

4-6 Personen

1 kg Birnen
300 g Zucker
Saft und Schale von 1 Zitrone (unbehandelt)
1 Stange Zimt, 1 Nelke
Fett für die Form
125 g Butter
1 Prise Salz
250 g Mehl
2 Eier, 125 ml Milch
1/2 Pck. Backpulver
2 EL Speisestärke

Birnen schälen, vierteln, entkernen, dann achteln. 375 ml Wasser mit 200 g Zucker, Zitronensaft, 1 Stück Zitronenschale, Zimt und Nelke aufkochen. Die Birnenachtel in 2 Portionen nacheinander darin auf kleiner Hitze mehr ziehen als kochen lassen. Das dauert für jede Portion etwa 5 Minuten. Die Früchte dann aus dem Saft heben, abtropfen lassen. Den Saft beiseite stellen. 3/4 der Früchte auf den Boden einer gut ausgefetteten, möglichst flachen Auflaufform geben. Für den Teig die Butter in eine Rührschüssel geben, rasch im Wasserbad schmelzen lassen. Schüssel herausnehmen, Salz, restlichen Zucker und die Hälfte des Mehls in die geschmolzene Butter geben, verrühren. Eier und Milch hineinrühren und zum Schluss das restliche, mit Backpulver gemischte Mehl daruntergeben. Den Teig auf die Birnen in die Form geben und glatt streichen. Die Auflaufform in den auf 175° C vorgeheizten Backofen geben. Die Birnen im Teig etwa 45 Minuten backen. Inzwischen aus dem Birnensaft und den restlichen Birnenachteln eine Soße zubereiten: Zitronenschale, Zimt und Nelke aus dem Saft nehmen. Speisestärke mit etwas Wasser verquirlen, in den Saft rühren und darüber zum Kochen bringen. Die Birnenstückchen hineingeben, die Soße noch einmal abschmecken. Sie wird warm zu den Birnen im Teig gegessen. Außerdem reicht man noch Zucker und flüssige Butter dazu.

Tipp

Diesem süßen und recht üppigen ersten Gang folgt dann noch ein üppiger und salziger zweiter Gang, zum Beispiel Bratkartoffeln mit sauren Rippen oder eine kräftige Tomatensuppe mit Fleischklößchen.

Armada im Baggerloch

Stockenten auf Sauerkraut

6 Personen

2 Stockenten (Wildenten), küchenfertig
getrockneter Majoran
Salz
4 Zwiebeln
Butter
schwarzer Pfeffer aus der Mühle
400 g durchwachsener, geräucherter Speck, in Scheiben geschnitten
1 EL Gänseschmalz
1 kg Sauerkraut
Wacholderbeeren
1 EL Zucker
1 Glas Riesling

Von den vielen verschiedenen Wildenten ist die Stockente am weitesten verbreitet. Für die Küche ist ihre Herkunft wichtiger als das Alter. Für eine Ente von der Küste ist es eine Kleinigkeit, 50 km zu ihrem Futterplatz und wieder zurück zu ihrem Rastplatz auf dem offenen Meer zu fliegen. Klar ist, dass eine Langstreckenente anders ist, nämlich muskulöser und weniger fett als eine Artgenossin, die ein paar Runden um den Teich dreht und dort zugefüttert wird.

Die Enten innen salzen und mit Majoran bestäuben. Mit je 1/2 Zwiebel füllen, mit zerlassener Butter einpinseln, salzen und pfeffern, auf ein Backblech legen und bei 170° C Oberhitze die Rücken im Ofen 30 Minuten bräunen. Einen Tontopf von 25 cm Durchmesser mit dem Speck auslegen und 1 EL Butter dazugeben. Die restlichen 3 Zwiebeln pellen, in Scheiben schneiden und in einem Schmortopf mit Gänseschmalz glasig dünsten.
Das Sauerkraut mit einigen Wacholderbeeren und dem Zucker dazugeben, kurz aufkochen, mit dem Riesling ablöschen und in den Tontopf geben.
Die Enten mit den Brüsten nach oben auf das Sauerkraut legen und zugedeckt 1 1/2 Stunden schmoren. Den Deckel abnehmen, die Entenbrüste mit Salzwasser einpinseln und 15 Minuten bräunen. Die Enten tranchieren und auf dem Sauerkraut mit Salzkartoffeln servieren.

Tipp

Vor dem Braten müssen die Fettdrüsen am Bürzel entfernt werden, da sonst das Fett in die Bratensoße läuft und dem ganzen Gericht eine tranige Note verleiht.

Seemannsgarn
In früheren Zeiten ohne Film und Fernsehen war der weit gereiste Seemann ein beliebter Geschichtenerzähler. Er kannte fremde Länder und Menschen und hatte natürlich an Bord und an Land viel erlebt. Die Landratten hingen fasziniert an seinen Lippen, wenn er erzählte. Ging ihm der Stoff aus, fing er an, fantastische Geschichten zu erfinden – zu spinnen. Er spann Seemannsgarn. Ihm verdanken wir Geschichten vom Klabautermann, von kirchturmhohen Wogen, Wundern ferner Länder und unglaublichen Abenteuern.

Rüükt na Sünndagmiddag

Rinderrouladen

4 Personen

4 Rinderrouladen (à ca. 200 g)
Salz
schwarzer Pfeffer aus der Mühle
Senf, mittelscharf
150 g fetter Speck, in dünne Scheiben geschnitten
4 Zwiebeln
2 Gewürzgurken
2 EL Öl
250 ml Brühe (Instant)
1 EL Tomatenmark
300 g Schmand

Rouladen von beiden Seiten salzen, pfeffern und eine Seite mit Senf bestreichen. 2 Zwiebeln pellen und in Ringe schneiden. Gewürzgurken vierteln. Speckscheiben, Zwiebelringe und Gewürzgurkenviertel auf die Rouladen legen, aufrollen und mit einem Rouladenspieß feststecken. Öl in einem Schmortopf erhitzen und die Rouladen darin von allen Seiten scharf anbraten. Die restlichen Zwiebeln pellen, grob würfeln und drum herum verteilen. Mit Brühe ablöschen. Zugedeckt bei milder Hitze etwa 1 ½ Stunden schmoren lassen. Wenn nötig, zwischendurch noch etwas Brühe dazugießen. Fleisch aus dem Fond nehmen und warm stellen. Tomatenmark in den Fond rühren. Zwiebeln mit dem Pürierstab pürieren, Schmand dazugeben und etwas einkochen lassen. Mit Salz und Pfeffer abschmecken. Rouladenspieße aus den Rouladen ziehen. Fleisch in der Sahnesoße heiß werden lassen.

Dazu: Salzkartoffeln und Rotkohl

In Hamburg sind Rinderrouladen mit Rotkohl ein beliebtes Sonntagsessen. Der Rotkohl wird auch gern nach dänischer Art zubereitet: mit Zucker, Johannisbeergelee und Nelken gewürzt. Die Rouladen und der Rotkohl lassen sich wunderbar vorbereiten, und man braucht am nächsten Tag nur noch die Rouladen in der Soße zu erhitzen und die Kartoffeln zu kochen. Der Kohl wird wieder aufgewärmt, was seinen Geschmack noch verfeinert.

Spökenkiekers Geheimrezept

Lammkoteletts

4 Personen

8 Lammkoteletts, 4 Knoblauchzehen
Salz, schwarzer Pfeffer aus der Mühle
2 EL Olivenöl
50 g roher Schinken, gewürfelt
2 Zwiebeln, gewürfelt
1 Bund Petersilie, gehackt
15 g getrocknete Steinpilze
¼ l Weißwein, 1 EL Tomatenmark
4 Zweige Oregano, gehackt
4 Zweige Rosmarin
100 g kleine Kirschtomaten, halbiert

Lammkoteletts mit zerdrücktem Knoblauch, Salz und Pfeffer würzen. Öl in der Pfanne erhitzen und die Koteletts darin auf jeder Seite knusprig anbraten, herausnehmen. Steinpilze ca. 2 Stunden in lauwarmem Wasser einweichen. Schinken, Zwiebeln und Petersilie in der Pfanne 2 Minuten dünsten. Pilze, Pilzwasser, Wein, Tomatenmark, Oregano hinzugeben. Salzen und pfeffern. Masse etwas einkochen lassen. Koteletts auf einer Seite mit der Masse bestreichen, Kirschtomaten dazugeben, mit einem Rosmarinzweig belegen und in Butterbrotpapier wickeln. Im auf 200° C vorgeheizten Backofen etwa 25 Minuten garen.

Rübenmus

Oldenburger Ananastopf

4 Personen

2 kg Steckrüben
1 Zwiebel, gewürfelt
500 g Kasseler
500 g geräucherte Schweinebacke
1 kg mehlige Kartoffeln
500 g Möhren
4 Kochwürste
200 g Schlagsahne
Salz
schwarzer Pfeffer aus der Mühle
Zucker
Senf, mittelscharf
125 g fetter Speck, gewürfelt
2 Schalotten, gewürfelt
1 Bund glatte Petersilie, gehackt

Steckrüben schälen, würfeln, mit der Zwiebel in einen Topf geben, mit reichlich Wasser bedecken und zum Kochen bringen. Kasseler und Schweinebacke dazugeben. Bei mittlerer Hitze ca. 40 Minuten köcheln lassen. Kartoffeln und Möhren schälen, waschen, würfeln und unter die Steckrüben heben. Kochwürste anpiksen und nach weiteren 10 Minuten dazugeben. Wenn Fleisch und Gemüse weich und gar sind, das Fleisch herausnehmen und warm stellen. Mit dem Kartoffelstampfer den Steckrübentopf zerstampfen und die Sahne unterrühren. Mit Salz, Pfeffer, Zucker und etwas Senf abschmecken. Die Speckwürfel mit den Schalotten knusprig ausbraten und unter das Steckrübenmus geben. Auf einer großen ovalen Platte anrichten und mit Petersilie überstreuen. Fleisch in Scheiben schneiden und zusammen mit den Kochwürsten um das Steckrübenmus legen.

In Norddeutschland nennt man Steckrüben auch scherzhaft „Oldenburger Ananas". Die Rüben eignen sich nicht nur wunderbar für Eintöpfe, sondern sie gehören in Ostholstein im Winter als Gemüse auch zu einem richtigen Festessen. Gestoovte Steckrüben, das sind fein gewürfelte Rüben in einer hellen Mehlschwitze. In Pommern mag man sie auch gerne karamellisiert.

Buddenbrooks Lieblinge

Lübecker Schwalbennester

4 Personen

4 große, dünne Kalbsschnitzel (à 125 g)
Salz
125 g roher Schinken in sehr dünnen Scheiben, 4 Eier, hart gekocht
Mehl, 1 EL Butter
weißer Pfeffer aus der Mühle
2 TL Speisestärke

Kalbsschnitzel klopfen und dünn ausstreichen. Salzen. Schinkenscheiben auf die Schnitzel legen. Eier pellen und in die Schnitzel einrollen. Rouladen mit Holzstäbchen zusammenstecken, in Mehl wälzen, überschüssiges Mehl abschütteln. Butter in einem Schmortopf erhitzen und die Rouladen darin von allen Seiten goldbraun anbraten. Mit 250 ml heißem Wasser ablöschen. Rouladen auf kleiner Hitze ca. 30 Minuten leise schmoren lassen, dabei einige Male wenden. Schwalbennester nach dem Schmoren aus der Soße heben, halbieren, in einer vorgewärmten Schüssel anrichten und warm stellen. Den Bratensaft mit Pfeffer würzen. Speisestärke mit wenig Wasser verquirlen, in den Bratensaft rühren und einmal aufkochen lassen. Soße über die Schwalbennester gießen und servieren.

Lütte Sachen – schmecken auch allein

MIT DABEI

Beilagen

Biilegger

Schmorgurken

4 Personen

1 kg Schmorgurken
1 Zwiebel
50 g Butter
Salz
schwarzer Pfeffer aus der Mühle
200 g Schmand
Senf, mittelscharf
1 Bund Dill, gehackt

Schmorgurken schälen, längs halbieren und die Kerne herausschaben. Anschließend in mundgerechte Stücke schneiden. Zwiebel pellen und fein würfeln. Butter in einem Topf erhitzen und die Zwiebel darin goldgelb andünsten. Gurkenstücke hinzugeben, salzen, pfeffern und zugedeckt ca. 30 Minuten schmoren. Schmand zum Gemüse geben und etwas einkochen lassen. Etwas Dill zum Garnieren beiseite legen. Den restlichen Dill unterheben und die Schmorgurken mit Salz, Pfeffer und etwas Senf pikant abschmecken. Vor dem Servieren mit Dillspitzen bestreuen.

Püschamell

Béchamelkartoffeln

4 Personen

1 kg festkochende Kartoffeln
100 g durchwachsener, geräucherter Speck
1 Zwiebel
30 g Butter
30 g Mehl
500 ml Milch
schwarzer Pfeffer aus der Mühle
Salz
125 g Schlagsahne

Kartoffeln mit einer Bürste schrubben und mit der Schale kochen. Speck würfeln. Zwiebel pellen und würfeln. Kartoffeln heiß pellen und in Scheiben schneiden. Butter in einer Pfanne erhitzen und den Speck darin auslassen. Zwiebelwürfel dazugeben und glasig dünsten, mit Mehl bestäuben und goldgelb anschwitzen. Unter Rühren mit Milch ablöschen. Mit Pfeffer und Salz abschmecken. 10 Minuten leicht köcheln lassen. Schlagsahne und Kartoffeln dazugeben und erwärmen.

Tipp

Béchamelkartoffeln werden in Hamburg „Püschamell" ausgesprochen.

Schlankmacher

Speckkartoffeln

4 Personen

800 g kleine, festkochende Kartoffeln
Salz
150 g Frühstücksspeck, dünn geschnitten
2 EL Butterschmalz
1 Zweig Rosmarin

Kartoffeln waschen und in Salzwasser 20 Minuten kochen. Anschließend pellen und jede Kartoffel mit einer Speckscheibe umwickeln.
In heißem Butterschmalz rundherum ca. 5 Minuten knusprig braun braten.
Mit Rosmarin garnieren.

Suer maakt lustig

Zitronenkartoffeln

4 Personen

1 kg festkochende Kartoffeln
Salz
1 mittelgroße Zwiebel
1 Bund glatte Petersilie, gehackt
4 EL Butter
Schale und Saft von 1 Zitrone (unbehandelt)
schwarzer Pfeffer aus der Mühle

Kartoffeln schälen, in 2 cm große Würfel schneiden und in Salzwasser ca. 3 Minuten kochen. Zwiebel pellen und würfeln. Butter in einem Topf erhitzen und die Zwiebel darin glasig dünsten. Zitronenschale und -saft sowie Petersilie hinzugeben. Salzen und pfeffern. Kartoffeln abgießen und zufügen. Vorsichtig wenden, sodass alle Kartoffeln mit Soße bedeckt sind. Alles in eine flache Auflaufform geben und im vorgeheizten Backofen bei 185° C 60 Minuten goldgelb und knusprig backen.

De lütten Gröönen

Schnippelbohnen

4 Personen

750 g grüne Bohnen
Salz, 1 Zweig Bohnenkraut
2 EL Butter
1 EL Mehl
250 ml Milch
Salz, schwarzer Pfeffer aus der Mühle
1 Bund Petersilie, gehackt

Bohnen putzen, waschen und schnippeln. In reichlich Salzwasser mit einem Zweig Bohnenkraut 15 Minuten kochen, dann abgießen. In einem Topf 2 EL Butter und 1 knappen EL Mehl durchschwitzen. Gut 250 ml Milch unter Rühren mit dem Schneebesen hinzugießen. Kräftig aufkochen lassen, salzen, pfeffern und die Bohnen zugeben. Wiederum aufkochen. Vor dem Servieren mit Petersilie überstreuen. Passt gut zu Matjes und dicken Mettwurstscheiben.

In Hamburg wird viel gestoovt (oder gestobt), das heißt mit Mehl und Milch gebunden. Fast alle Gemüsesorten lassen sich auf diese Weise zu Kalorienbomben aufblähen.

Wutteln to'n Knuddeln

Sherrymöhren

750 g Möhren
1 EL Butter
1/2 Glas Sherry, medium
Salz
1 Messerspitze gemahlener Ingwer
3 EL Crème fraîche

Möhren waschen, putzen und in Scheiben schneiden. Butter in einem Topf zerlassen, Möhrenscheiben darin unter Schütteln 5 Minuten anschmoren. Sherry hinzufügen, salzen und mit Ingwer würzen. Das Ganze zugedeckt bei kleiner Hitze ca. 15 Minuten schmoren lassen. Aufpassen, dass die Möhren nicht ansetzen. Zum Schluss Crème fraîche hinzugeben und kurz durchkochen. Die Möhrenscheiben sollten bissfest bleiben.

Selbst das Ende ist großartig, wenn die Zutaten stimmen!

FINALE

Desserts

Errötende Jungfrau

Cremiger Nachtisch

4 Personen

2 Eiweiß
1/2 Tasse Fruchtsaft
1/2 Tasse Zucker
3 Blatt rote Gelatine
1 Pck. Vanillezucker

Gelatine einweichen. Eiweiß, Fruchtsaft und Zucker mit dem Handrührgerät gut aufschlagen. Gelatine ausdrücken und in einem kleinen Topf bei milder Hitze auflösen. Anschließend unter den Schaum ziehen. Nach Geschmack den Vanillezucker dazugeben. Die Speise im Kühlschrank fest werden lassen.

Dazu: steif geschlagene Sahne

Futtjes

Holsteiner Förtchen

20-30 Förtchen

250 ml Milch, 125 g Schlagsahne
1/2 TL Salz
60 g Butter, 325 g Mehl
5 Eier
1/2 TL Kardamom
30 g Mandeln, fein gehackt
125 g Rosinen, 1 EL Zucker
20 g Hefe
Schmalz zum Backen
Zucker zum Bestreuen

Die Milch (2 EL davon zurücklassen) mit Sahne, Salz und Butter zum Kochen bringen. 200 g Mehl hineinschütten, mit einem Holzlöffel zu einem glatten Kloß verrühren. Den Topf vom Herd nehmen, 1 Ei in den Teig rühren. Den Teig kalt werden lassen, anschließend die restlichen Eier nach und nach unterrühren. Kardamom, Mandeln, Rosinen, Zucker, die mit 2 EL erwärmter Milch flüssig gerührte Hefe und das restliche Mehl zugeben und verrühren. Den Teig zugedeckt bei Zimmertemperatur so lange gehen lassen, bis er sein Volumen ungefähr verdoppelt hat.
Eine Förtchenpfanne mit halbrunden Vertiefungen auf mittlerer Hitze heiß werden lassen. In jede Vertiefung eine Messerspitze Schmalz geben. Vom Förtchenteig mit 2 Löffeln pflaumengroße Stücke abstechen, in das heiße Schmalz setzen und auf beiden Seiten goldbraun backen. Herausnehmen, sofort in Zucker wälzen und warm zum Kaffee essen.

Tipp

Man kennt an der Küste auch noch eine andere Art der Zubereitung. Man benutzt keine Förtchenpfanne, sondern gibt den Teig löffelweise in siedendes Schmalz oder Öl und backt die Förtchen schwimmend aus, bis sie von allen Seiten knusprig braun sind. So zubereitet, heißen sie dann in manchen Regionen auch „Kröpel".

Holsteiner Förtchenlied,
von Kindern zu Silvester gesungen
Dat ohle Jahr, dat nie Jahr,
Sünd denn nie bald de Futtjes gaar?
Krie ick een, so blief ick stahn,
Krie ick twe, so will ick gahn,
Krie ick dree, so wünsch ick Glück,
Dat de Köksch mit de Futtjes to de
Schosten rutflüggt!

Wat lütt Hein hüüt itt

Rote Grütze

4 Personen

1 kg Beerenfrüchte in beliebiger Mischung (Himbeeren, rote und schwarze Johannisbeeren, Erdbeeren)
250 g Zucker
80 g Speisestärke

Gewaschene Früchte mit 250 ml Wasser und Zucker zum Kochen bringen. Ein Durchschlagsieb mit einem feuchten Mulltuch auslegen und die Früchte hineinschütten. Den Saft ohne Druck in einen Topf laufen lassen. Wenn nötig, mit Wasser auf 1 l Flüssigkeit ergänzen. Saft einkochen lassen. Speisestärke mit etwas kaltem Wasser anrühren, unter den Saft rühren und mehrfach aufkochen lassen. In eine mit kaltem Wasser ausgespülte Schüssel gießen und im Kühlschrank kalt werden lassen. Vor dem Servieren stürzen. Bei Tisch füllt sich jeder Rote Grütze und Milch, Sahne oder Vanillesoße auf seinen Teller.

Tipp

Man kann auch die Früchte im Sud lassen. Die originale Rote Grütze wird wie im Rezept zubereitet.

Die Rote Grütze wird in ganz Norddeutschland zubereitet, wenn auch mit den unterschiedlichsten Rezepten. Das schönste Denkmal setzte ihr der Dichter Hermann Claudius:
Rodegrütt! Rodegrütt!
Kik mal, wat lütt Hein hüüt itt.
Alls rundum hett he vergeten.
Rodegrütt, dat is en Eten! Rodegrütt!

För seute Deerns

Gefüllte Bratäpfel

4 Personen

4 säuerliche Äpfel (Boskop)
100 g gemischtes Backobst
2 EL Honig
2 EL Walnüsse, gehackt
4 TL Butter
2 EL Puderzucker

Äpfel waschen, Kerngehäuse großzügig ausstechen und die Äpfel nebeneinander in eine feuerfeste Form stellen. Das Backobst klein schneiden. Den Honig in einem kleinen Topf erwärmen. Backobst und Walnüsse in den flüssigen Honig rühren und die Masse in die Äpfel füllen. Auf jeden Apfel 1 TL Butter setzen und die Äpfel mit der Hälfte des Puderzuckers bestreuen. Im vorgeheizten Backofen bei 220° C etwa 30 Minuten backen. Nach der Hälfte der Backzeit die Äpfel mit dem restlichen Puderzucker bestreuen. Die fertigen Bratäpfel aus dem Ofen nehmen und sofort servieren.

Dazu: heiße oder kalte Vanillesoße

Sommernachtstraum

Stachelbeer-Crumble

4 Personen

500 g unreife Stachelbeeren
150 g Zucker
4 EL Orangensaft
2 EL Weißwein
Butter für die Form

Für die Streusel:
100 Butter
125 g Zucker
175 g Mehl
1 TL Zimt

Auflaufform mit Butter ausfetten. Stachelbeeren putzen, waschen, trockentupfen und in der Form verteilen. Zucker, Orangensaft und Wein vermischen und darübergießen. Im vorgeheizten Backofen bei 200° C 10 Minuten garen. Für die Streusel aus Butter, Zucker, Mehl und Zimt Streusel zubereiten und gleichmäßig auf den Stachelbeeren verteilen. Bei gleicher Temperatur weitere 30 Minuten im Backofen goldbraun backen.

Dazu: steif geschlagene Schlagsahne

Für Deerns vom Lande

Verschleiertes Bauernmädel

4 Personen

125 g Zartbitterschokolade
60 g Zucker
10 EL geriebenes Schwarzbrot
500 g Schlagsahne
1 EL Johannisbeergelee

Schokolade reiben und mit Zucker und Brot vermischen. Die Sahne steif schlagen. Ein paar EL der Brotmischung und einige EL Schlagsahne jeweils abwechselnd schichtweise in eine Glasschüssel geben. Die oberste Schicht sollte aus Schlagsahne bestehen. Das Ganze wird mit kleinen Häufchen Johannisbeergelee belegt. Im Kühlschrank gut durchziehen lassen und servieren.

Tipp

Eine schmackhafte Variante dieses Rezeptes erhalten Sie, wenn Sie statt der Schlagsahne festgekochtes Apfelmus verwenden.

Großmutters Geheimrezept

Zitronencreme

4 Personen

2 Zitronen (unbehandelt)
5 Blatt weiße Gelatine
3 Eier
100 g Zucker
100 ml Weißwein
250 g Schlagsahne

Die Zitronen heiß abspülen, abtrocknen und die Schale fein abreiben. Dann beide Zitronen auspressen. Gelatine in kaltem Wasser einweichen. Eier, Zucker und Zitronenschale in einer Schüssel mit dem elektrischen Handrührgerät 5 Minuten zu einer dicklichen Creme aufschlagen. Zitronensaft und Weißwein langsam einrühren. Die Gelatine gut ausdrücken, in einem kleinen Topf bei kleiner Hitze unter ständigem Rühren auflösen und in die Creme rühren. Anschließend kalt stellen. Wenn die Creme zu gelieren beginnt, die Sahne steif schlagen. Die Eicreme über die Sahne laufen lassen und dabei vorsichtig rühren. Die Creme in eine Schüssel füllen und mindestens 3 Stunden im Kühlschrank fest werden lassen.

Pannkoken mit Bickbeern

Blaubeerpfannkuchen

4 Personen

500 g Mehl
Salz
1 l Milch
2 Eier
100 g Bacon, in Stücke geschnitten
1 kg Bickbeeren (Heidelbeeren)
1/4 l Wasser
250 g Zucker
1 EL Speisestärke

Die Bickbeeren mit der Hälfte des Wassers und dem Zucker zum Kochen aufsetzen. Speisestärke mit etwas Wasser verrühren, in die kochende Flüssigkeit geben und das Ganze aufkochen. Eier trennen, Eiweiß steif schlagen. Mehl mit Salz, Milch und Eigelb gut verrühren. Danach den Eischnee unter den Teig ziehen. Bacon in der Pfanne auslassen, heiß werden lassen und eine recht dicke Masse des Teiges in die Pfanne geben. Goldgelb von beiden Seiten braten. Das Bickbeerenkompott über die heißen Pannkoken streichen.

Und tschüss

Frische Waffeln mit Kompott

6 Personen

Teig:
125 g Butter
100 g Puderzucker
4 Eier, getrennt
abgeriebene Schale von
1/2 Zitrone (unbehandelt)
1 Prise Salz
150 g Mehl
250 g Schlagsahne

Belag:
Verschiedene Kompotte und geschlagene Sahne

Butter, Zucker und Eigelb schaumig rühren. Mit Zitronenschale und Salz würzen, dann abwechselnd Mehl und Sahne einrühren. Zum Schluss das Eiweiß steif schlagen und unterheben. Portionsweise in einem vorgeheizten Waffeleisen backen. Mit Kompott und geschlagener Sahne nach Geschmack bestreichen.

„In Hamburg sagt man tschüss", das weiß wohl jeder. Nicht jeder weiß, dass es aus der Zeit stammt, als Französisch in Deutschland „in" war. Trottoir statt Bürgersteig, Monsieur statt Herr, Madame statt gnädige Frau, und so wurde aus adieu tschüss, man hört auch manchmal noch atschüss. Bleibt mir nur noch zu sagen – und tschüss!

Nich lang schnacken – Kopf in´n Nacken...

PROST!

Küstengetränke

Pharisäer

4 Personen

500 ml heißer, starker Kaffee
12 EL angewärmter Rum
4 gehäufte TL Zucker
200 g Schlagsahne

Kaffee, Rum und Zucker in vorgewärmte Pharisäertassen füllen. Sahne steif schlagen und je ein Häubchen davon auf den heißen Kaffee setzen. Den Kaffee durch die Sahne hindurch genüsslich schlürfen.

Die Geschichte vom Pharisäer, wie sie auf Nordstrand erzählt wird:

Die männlichen Gemeindemitglieder von Nordstrand waren alle ungeheuer trinkfest. Der Pastor sah das gar nicht gern und sprach am Sonntag manches böse Wort von der Kanzel dagegen, worauf das Trinken ein wenig eingeschränkt wurde. Nur bei Familientreffen ging das nicht. Was eine einigermaßen verzwickte Situation schuf, denn der Pastor war natürlich zu jeder solchen Feier herzlich eingeladen. So sannen die listigen Nordstrander anlässlich einer Kindstaufe auf Abhilfe: Sie nahmen große bauchige Kaffeetassen und füllten starken Kaffee hinein. Dazu kam ein tüchtiger Schuss Rum und ein wenig Zucker. Das alles wurde unter einer schneeweißen, dicken Sahnehaube verborgen. Dem solchermaßen getarnten Alkohol wurde nun tüchtig zugesprochen, während der Pastor seinen Kaffee selbstverständlich ohne Rum bekam. Bis dann in fortgeschrittener Stunde die Tassen vertauscht wurden. Der Pastor trank, nahm prüfend einen zweiten Schluck, blickte in die Runde und meinte: „Ihr seid mir richtige Pharisäer!"

Weihnachtspunsch

6-7 Gläser

250 ml Wasser
3-4 EL Zucker
1 Stange Zimt
3 Nelken
Saft und Schale von 1 Zitrone und 1 Orange (unbehandelt)
700 ml Rotwein
75 g Rosinen
50 g Mandelstifte
100 ml Rum oder Portwein

Wasser, Zucker, Zimtstange, Nelken und die Schale von Zitrone und Orange 10 Minuten kochen. Anschließend Gewürze und Schalen entfernen. Saft von Zitrone und Orange, Rotwein, Rosinen und Mandeln hinzugeben und erhitzen. Erst kurz vor dem Servieren den Rum oder Portwein hinzugießen.

Ostfriesische Bohnensuppe

Ab 8 Personen

250 g Sultaninen
1 Pck. Ingwerwurzeln
Schale von 2 Zitronen (unbehandelt)
200 g weißer Kandis
2 l klarer Schnaps
2 Zitronenschalen (unbehandelt)

Den Kandis mit wenig Wasser und der abgeschälten Zitronenschale und Ingwer aufkochen. Nach dem Abkühlen die gewaschenen Sultaninen, den durchgesiebten Sud, Schnaps und die Schale von zwei frisch abgeschälten Zitronen in eine Terrine geben. Nach drei Tagen die Zitronenschale entfernen und das Getränk gut gekühlt den Gästen anbieten.

Mit einer herkömmlichen ostfriesischen Bohnensuppe hat diese Rosinensuppe nur optisch entfernt etwas zu tun. Sie ist ein beliebtes Getränk, das bei allen größeren Familienfeiern wie Kindstaufen, Hochzeiten und Geburtstagen getrunken wird.

Tote Tante

4 Personen

800 ml Kakao
12 Stück Würfelzucker
12 cl Rum, 250 g Schlagsahne,
steif geschlagen, 1 TL Kakaopulver

Rum anwärmen. Würfelzucker in hohe Becher geben. Rum zum Zucker geben und mit heißem Kakao aufgießen. Sahnehaube daraufsetzen und mit Kakaopulver bestreuen. Den Kakao mit einem Strohhalm durch die kühle Sahnehaube trinken.

Eiergrog

4 Gläser

6 Eigelb, 2 Eier
5 EL Zucker, 200 ml Rum

Alle Zutaten im heißen Wasserbad bei mittlerer Hitze mit dem Schneebesen bis kurz vor dem Kochen zu einer dicklich schaumigen Creme aufschlagen und in Gläser füllen.

Erdbeerbowle mit Minze

4-6 Personen

350 g frische Erdbeeren
1-2 EL brauner Kandis
10 frische Minzeblättchen
2 Fl. trockener Moselwein (à 0,7 l)
1 Fl. extratrockener Sekt
½ Zitrone, in Scheiben (unbehandelt)
Eiswürfel nach Belieben

Kandis in ein Bowlegefäß füllen, die Hälfte der Minzeblättchen dazugeben und mit ½ Fl. Wein angießen. ½ Stunde ziehen lassen, ab und zu umrühren, damit sich der Kandis auflösen kann. Minzeblättchen entfernen. Erdbeeren waschen, putzen, trocken tupfen und in die Bowle geben. Alles 5 Minuten ziehen lassen. Restlichen Wein und gut gekühlten Sekt hinzugießen. Zitronenscheiben und die übrigen Minzeblättchen einlegen. Nach Belieben einige Eiswürfel dazufüllen.

Rumgrog

4 Personen

8 cl brauner Rum (40 %)
12 Stück Würfelzucker
4 Tassen kochendes Wasser

Rum erwärmen. Grogglas mit heißem Wasser ausspülen, damit es nicht springt. Zusätzlich kann man noch einen Glasstöpsel oder Kaffeelöffel ins Glas stellen. Würfelzucker ins Glas geben. Mit 1 Tasse kochendem Wasser das Glas zu $^{2}/_{3}$ füllen. Umrühren, bis sich der Zucker aufgelöst hat. Jetzt erst den erwärmten braunen Rum hinzugießen.

„Rum muss, Zucker kann, Wasser braucht nicht", sagen die Leute von der Waterkant.

Den Grog verdanken wir der Anekdote nach dem britischen Admiral Vernon, der wegen seines Jacketts aus grobem Stoff, genannt „Gros Grain" oder „Groggam", den Spitznamen „Old Groggam" erhalten hatte. Er sah es gar nicht gern, dass die Angehörigen der Marine die ihnen zustehende wöchentliche Rumration in einem Zug hinunterkippten. Und so befahl er, das Getränk mit heißem Wasser zu verdünnen. Damit wurde er zum Vater und zum Namensgeber des Grogs.

Beliebtes Grog-Lied von der Waterkant
Lütt beten heet Water,
un recht veel Rum,
een, twee Stück Zucker,
un denn röhr um ...!

Teepunsch

4 Personen

1 TL Tee (Ostfriesenmischung) pro Tasse
1-2 Stückchen Kluntjes (Kandis) oder Würfelzucker pro Tasse
2 cl Rum, Arrak oder Köm (Kümmelschnaps) pro Tasse

Die Teekanne mit heißem Wasser ausspülen. Pro Tasse einen gehäuften TL Tee in das Teesieb oder direkt in die Kanne geben. Siedend heißes Wasser aufgießen und 5 Minuten ziehen lassen. Zuerst die Kluntjes oder den Würfelzucker in die Tasse geben. Dann den heißen Tee darübergießen. Wenn die Kluntjes knisternd zersprungen sind, den Rum, Arrak oder Köm hinzufügen.

Während die Nordfriesen den Teepunsch mit Köm (Kümmelschnaps) anreichern, wird er in Ostfriesland lieber mit Arrak getrunken. Aber auch Rum sorgt oft für die innere Wärme, wenn draußen ein steifer Nordwestwind bläst.

Nach getaner Arbeit nachts um halb drei auf St. Pauli, von links nach rechts:
Ali Salehi, Marion Kiesewetter, Clarence Brown IV., Michael Holz und Annegret Grotmack

Allen, die zur Entstehung dieses Buches beigetragen haben, herzlichen Dank:

Hartmut Kiesewetter, Kathrin Kiesewetter, Caroline Kiesewetter, Elisabeth Füngers,
Annegret und Christian Grotmack, Frauke und Friedel Köster, Gisa Bühner, Jürgen Sachs, Maria Knüppel.
Und der Firma „Büsumer Feinkost" in Wöhrden mit Rüdiger Kock, Stephanie Lafrentz
sowie Guido Bargelé, der wir die appetitliche Frische der Krabben, Flusskrebse und Garnelen verdanken.

Marion Kiesewetter und die ganze Crew

SPADDEL MIT'N PADDEL: Suppen

VORNWEG: Vorspeisen

ZU FISCH: Fischgerichte

LAND IN SICHT: Fleisch und andere Leckereien

MIT DABEI: Beilagen

FINALE: Desserts

PROST: Küstengetränke

Büsumer
Feinkost
Das Original
seit 1918
Büsumer
Feinkost
NORDSEE KRABBEN
Büsumer
Feinkost
PARTY GAMBAS
MIT SCHWANZ-SEGMENT
Büsumer
Feinkost
FLUSSKREBS-FLEISCH
IN AUFGUSS
1500g 900g
Büsumer
EISMEER GARNELEN
180g 100g
Büsumer
Feinkost
SURIMI FLAKES
280g 135g
Büsum wird Ihnen schmecken!
Feine Nordseekrabben & Meeresspezialitäten
in Premium Qualität
BÜSUMER FISCHEREI GMBH & CO. KG
D-25797 WÖHRDEN · TEL. 04839-90 00 · FAX 04839-900 15 · WWW.KRABBEN.DE